浙江省教育科学2022年度规划课题（课题批准号：2022SC014）、杭州市西湖区首届重大项目课题"多方联动·四级预防：基于学生成长视角的问题预防实践探索"阶段性研究成果。

学生问题预防与教育

大夏书系 ｜ 教育艺术

林志超 / 著

华东师范大学出版社
全国百佳图书出版单位
·上海·

目 录

001 推荐序 预防问题行为的教育艺术
005 自　序 教育，是引领预防的艺术

第一章　超前预防，防范问题于未然

003　积极心态形成"六有"因素
010　良好习惯培养"六步"策略
017　正确价值观之"六式"引领
024　促成自主管理"六方"协约
031　引领规范发展"六大"思维

第二章　临界预防，消解问题于可能

041　消解负面情绪"六自"方法

048　助力走出困境"六种"游戏

055　消融负面影响"六面"隔断

062　常规问题应对"六他"流程

069　应对学生伤害"六一"原则

第三章　止犯预防，消弭问题于已然

079　"四类问题"判别教育跟进

086　"四阶进程"化解冲动行为

093　"四策学会"调节内心矛盾

099　"四方助力"走出孤立无援

105　"四个深入"应对突发事件

第四章　再犯预防，阻断问题严重化

113　"阶段引导"实施危机干预
120　"直面问题"启迪学生自醒
126　"多面触感"促使走向友好
131　"柔和坚决"助力学生自控
137　"正面教育"促进自我约束

第五章　捕捉契机，促进改变有效化

145　"个辅时间"提升良好心态
151　"自我成就"促动个性成长
157　"淡然面对"静候自然生长
162　"激励潜能"成就最好自己
167　"持续强化"激励点滴进步

第六章　综合助力，教育协同多元化

175　协同教育"多方联动"机制
181　家庭履行"第一责任"义务
187　教师尽职"温度教育"引导
193　班级活动"动态引领"跟进
198　学校立足"立德树人"推进

205　**后记**　探寻，向着预防教育深意处漫溯

推荐序

预防问题行为的教育艺术

很高兴阅读了林志超老师就学生问题预防所进行的长期、深入的研究成果。学生的问题多元、成因复杂,在问题出现前就施加预防性教育,在问题初期就及时跟进解决,避免学生陷入困惑与迷茫的境地。

我曾就学生欺凌问题与同事一起在几十所学校进行预防实验研究,最终的结论可归结为一句话:防治学生欺凌重在日常教育。在实验过程中,我们尝试确定以若干概念作为描述和进一步深入讨论某些现象的基础,在厘清欺凌行为的"种子态""初发态""萌芽态""标准态"基础上,设计实施了欺凌"先兆"的要素识别和消解策略,并将诸多预防措施融入到日常教育教学活动之中,形成了以"常态预防"为基础,以"早发现、早干预"为特征的"校园欺凌常态预防及其早期识别与干预模式"。欺凌行为是学生出现的诸多问题行为中的极端现象,从极端问题行为的预防反观其他非极端问题行为的预防,可以更准确地把握问题行为酝酿、发生、发展过程中的关键节点,从而在酝酿阶段就通过艺术地教育、引导使之向着良善方向发展。这,既是教育的科学,也是教育的艺术。

所谓"学生问题",其实是"学生问题行为"的口语化简称。"学生问题"所指向的是"有问题的行为表现"。"问题"对于师生双方而言都是一个非常复杂的日常教育现象。教育实践现场的常见情况是,对许多客观呈现的"行为",师生容易形成共识,但对该行为是否能定性为"问题",师生间常常存在矛盾;即便承认是"问题",在问题形成的原因和可能带来的后果上也仍然分歧巨大。换句通俗但更为严谨的话就是："问题行为"的"行为"是学生做出的，但"问题行为"的"问题"却是教师"认为"的（有些家校矛盾便由此产生）。因此，面对学生的"问题行为"，常常只有那些拥有建立在许多"教训"之上的丰富"经验"的老教师出面，才能比较顺利地加以解决。老教师的经验告诉我们，与其讨教解决问题行为的招数，不如学些预防问题行为生成和发展的教育方法和技巧。

《学生问题预防与教育》把"教育"和"预防"两个概念用"艺术"有机地融合为一体，反映出作者拥有丰富的实践经验和深刻的理论思考。学生问题的预防，与维护健康、防止生病的道理一样，工作重心应放在强壮肌体以提高免疫力上，放在健康心理以增强受挫力上。如同扁鹊关于"治未病"的观点，最高明的功夫是"（病）未有形而除之"，次高明的功夫是"治病在毫毛"，待到不得不使用"镵血脉，投毒药，副肌肤"的手段时，就只能算是末等功夫了。学生问题行为的教育和矫正，需关注学生问题发生前的"种子""萌芽""初发"三种行为表现。学生行为偏差、抗拒情绪频现时，问题种子已入土壤，教师可据此实施相应的教育引导，从而将问题消弭于无形，犹如"未有形而除之"。若表现持续不佳、异常行为苗头初现时，问题开始萌芽，教师又可据此行为表现施以相应的措施，将早期问题化解，犹如"治病在毫毛"。当然，一旦前期各道防线被突破，学生问题事件初发，教师需采取艺术的教育方法策略，帮助学生解决问题，预防问题行为再次发生。

在学生问题行为预防与教育问题上，本书分六个板块做了讨论。前四个板块，依据学生行为问题发生的积淀、酝酿、爆发、反复四个阶段对应地实施"超前预防""临界预防""止犯预防""再犯预防"的"四级预防"，以达成"防范问题于未然""消解问题于可能""消弭问题于已然""阻断问题严重化"的教育效果；后两个板块，主要讲述了教育艺术运用的"捕捉契机"和协同力量跟进的"综合助力"，以达到"促进改变有效化""教育协同多元化"的教育效果。

学生问题的预防与教育，蕴含于教育的每一项日常活动之中。教育者需要更多地开展预防性教育研究，运用更适切学生成长规律、贴近学生内心的艺术的教育方式，引领学生合理归因，坦然面对问题，解决初期"未有形"的问题，防范于未然。能以"如初见、如阳光、如春意、有温度"的态度去呵护每个学生，温暖学生心灵，足见作者对教育、对学生、对预防和处理学生问题行为的深刻认识和系统思路，作者把这一认识和思路表述为"教育，是引领预防的艺术"，可谓点睛之论。

耿　申

2022年9月于北京

（北京教科院班主任研究中心特聘研究员，中国教育学会班主任专委会副理事长，北京市"紫禁杯"教育奖励基金管理委员会理事长）

自　序

教育，是引领预防的艺术

这部《学生问题预防与教育》，是"艺术化教育"三部曲的第三部。第一部《教师艺术应对学生问题36记》，探寻学生问题产生后的艺术应对，"教育，是走进学生心灵的艺术"；第二部《从班会课到成长课程》，探寻学生问题产生前的引导，"教育，需要走在学生发展前面"；这部是前两部的延续，探寻学生问题产生前的预防和学生问题发生后的教育。教育的最高境界并非学生出了问题后再应对，而是深究问题原因，寻找预防策略，在问题初期及时跟进解决，"防微杜渐"地做好预防及适切的个性引领，避免学生陷入迷茫无措的境地。因此，我认为：教育，是引领预防的艺术。

耿老师在序言中提到，学生问题的预防，与维护身体健康、预防疾病的原理一样，在于强壮肌体以提高免疫力，在于健康心理以增强受挫力，重点是前期预防，重心在"治未病"，其思路与本著作核心思想不谋而合。如扁鹊答魏文王，"长兄最高，于病视神，未有形而除之；中兄次之，治病在毫毛"，从对待疾病的观念看学生问题预防，长兄之术重在培育学生形成健康心态和积极行为能力以预防问题发生，中兄之术重在化解学生初期问题，扁鹊之术重在解决可见的问题事件。按扁鹊长兄——"治未病"思路搭建的"问题先兆的识别与消解"预防框架，来预防学生问题发生与解决，显然属于长兄层次的高段位。

预防，旨在让学生问题消弭于萌芽状态，乃教育艺术的最高境界。

有效的预防与教育，需要基于学生成长视角，依据学生行为问题发生的积淀、酝酿、爆发、反复四个阶段，相对应、有层次地实施超前预防、临界预防、止犯预防与再犯预防的"四级预防"。对"小小问题"进行一级预防，及时规范和纠偏，预防坏习惯成自然而学生自身无力改变，免于问题的严重化；对"小问题"实施二级预防，家校联动，个性化引导，帮助学生学会反思及自我克制；对"大问题"跟进三级预防，学校专家团队共同参与综合教育，从解决困难到全方位帮助，从扬长激励到树立信心，多措施、多管齐下地帮助学生学会面对问题；对"严重问题"启动四级预防，求助德育专业力量介入指导，并进一步寻求医院心理医生等进行"医教结合"综合治疗。递进式地架构学生问题预防及教育的序列，以较为完善地实施预防与教育的措施，立意学生问题"未有形而除之"，立足教育与预防的有效。

  为了能够让书稿更具可读性，我在整理书稿时，尽力做到文章结构精密、逻辑清晰精简、构思巧妙精细、格式工整精巧、行文理性精致，如超前预防的《正确价值观之"六式"引领》——"无痕式引领，以文化滋养心灵""浸润式引领，以氛围影响价值""点睛式引领，以示范指导行为""导航式引领，以课程内化品质""体验式引领，以情境唤醒感悟""激励式引领，以评价落实行动"；策略巧思不失严谨，清晰不乏感性，如《消融负面影响"六面"隔断》——"有效管理，隔断纪律淡化""群体榜样，隔断不良模仿""重塑认知，隔断思想随意化""个性培育，隔断从众心理""学会拒绝，隔断委曲求全""远离干扰，隔断负面影响"；既有层层递进的深入，又有抽丝剥茧的细致，如《"四阶进程"化解冲动行为》——"稳定情绪阶段，冷静舒缓""反思问题阶段，事件梳理""明理和解阶段，解决矛盾""情绪自控阶段，自我提醒"；方法巧妙，策略实用，如《"四策学会"调节内心矛盾》——"调整心态，学会正向思考""培养自信，学会忽略纠结""引导主动，学会敢于决断""懂得升华，学会突破自我"。我期待在大量有效实践层面，以更用心的态度构建文章，以更精心的诚意运用文字，给读者带去更好的阅读体验。

在内容方面，我尽量在字里行间铺展智慧，在笔尖下流露巧思妙想，在词藻上显露深刻哲理，期待能献给读者一篇篇行云流水的优美文章，分享一个个深刻理性的预防策略，贡献一个个巧思妙解的教育方法，唤起一次次饱含深意的深刻感悟，让每篇文章都值得深入一读。

采撷部分内容段落，引领大家品读。比如常规问题应对的"六他"流程：一是讲给他听，促进明理；二是做给他看，使之懂行，经常示范并训练学生的文明言行；三是让他试做，即时行动，通过"来！做一遍我看看""相信你能一直这么做"来巩固学生的正确行为；四是帮他确认，明了方向，通过"这样就对了"来不断地强化；五是给他表扬，激励持久，通过"做得很好""你是怎么做到的"来持久巩固行为；六是让他坚持，巩固行为，借助行动表，以"具象"的行为量化轨迹图，"看见"进步，形成持续力。又如引导学生控制情绪的"五步骤"，策略简单实用、合乎情理：一是"冷一冷""坐下来—喝口水—不理他—安全陪伴"；二是"说一说"，梳理细节，复盘整个过程，抒发情绪；三是"理一理"，回溯整个事件真实情况，客观、理性地反思自我行为；四是"道个歉"，化解矛盾，明理和解；五是"握个手"或"拍拍肩膀"，甚至同性同学"抱一抱"，达成和解。再如对于个别较为孤僻孩子的"四方助力"引导：一是亲子助力，引导父母学会心有"万鼓擂"，言语也要"春风吹"；二是老师助力，欢迎学生"有事找老师"，老师及时提供帮助，在学生迷茫时给予解惑，在学生随心所欲时予以提醒；三是同伴助力，养成"遇到困难找同伴"的习惯，同时利用帮助别人形成的友谊，从内心产生安全感和归属感；四是自我助力，通过"我可以，我是最好的"，来完成自爱蜕变。而当学生遭遇质疑、挫折，出现心理冲突时，老师可系统地采取"调整心态—培养自信—敢于决断—懂得升华"的策略，引导学生学会平衡心理冲突，坚强面对困难，从而走出自我困局。

在每一篇文章中，所呈现的具有实践意义的系列预防措施，策略尽量全面而不失深入，思考尽量深邃而不失趣味，方法尽量巧妙、新颖、有趣，让读者能一看即懂，一读即明，拿来即用。

教育，是预防的艺术。

出版《学生问题预防与教育》的本意，是期待广大教育者能把更多的心思和重心投入问题预防，以更适切学生成长规律、贴近学生内心的艺术化教育方式，引领学生合理归因，坦然面对问题，解决初期"未有形"的问题，防患于未然。

林志超

2022 年 9 月于杭州

第一章

超前预防,防范问题于未然

积极心态形成"六有"因素

积极心态,是一种与正面特征相关的力量,它不仅能让自身拥有饱满且良好的精神状态,更能向周边辐射,形成良好的氛围场,给人正面的、积极的、美好的感觉。这种心态并不会自动拥有,"有人爱—有事做—有信念—有微笑—有希望—有勇气"是积极心态形成的"六有"因素。

有人爱,充盈内心的温情

人,都有被爱的需求。爱,是源自内心的真实情感,人一旦拥有爱,内心会更加安宁,情感会更加充盈,心态会更加积极,行为亦更加温情。

爱是一个从获得到付出的过程,没有得到爱,就很难付出爱。襁褓中的婴儿被妈妈抱在怀里,温暖感带来的安全感让其停止了哭泣。生活中,不断受到委屈而得不到支持的人,会变得更加冷漠。在积极心态培养和教育过程中,我们需要以爱孕育爱,用爱去启迪爱。教育者在创设爱的氛围时,首先要做的是给予、示范,体现在细节上,让学生"看见"爱:给身体不舒服的学生送上一句问候,让学生看到关怀;给学习有困难的学生予以耐心辅导,让学生看到帮助;及时赞扬一下做了好事的学生,让学生看到激励;即使学生调皮捣蛋,在提醒之后,也可以轻轻刮一下学生的鼻子,开心地说上两句话,让学生感受到老师的友善和真诚。让学生"看见"爱,比起"爱你在心口难开",更让学生亲近。"可亲、可爱"体现在老师点点滴滴的行为细节中,营造爱、示范爱,能带动班级形成"有人爱，学会爱"的积极氛围。学生如何获得的爱，就会以同样的方式再赋予他人爱，即教育的输入和学生行为的输出方式是一致的。

雨果曾说：人生至福，就是确信有人爱你。爱，是认同、喜欢的高度升华，其基础是尊重。得不到尊重，会让人们产生消极心态，激起人们的矛盾，甚至攻击。创设爱意浓郁的氛围，让学生置于其中，有人爱他，有人尊重他、包容他、体谅他，以唯美的画面及温馨的氛围去滋润心灵，享受浓浓的情谊，感受温情，拥有爱，学会爱，孕育积极心态。

有事做，赋予职责的承担

有事做，是一个人价值的体现，是被认可的重要指标。做喜欢的事，为集体作贡献，展示自己的能力，体现自我价值，去获得同伴认可，收获满满的自信心。

积极心态离不开赋予职责的积极行动。在班级管理中，我们经常看到那些被老师赋予重任的学生干部的责任感会强于其他学生。因为他们需要思考怎样与同学沟通，怎么协调好同伴关系，如何尽善尽美地完成任务。在这个过程中，他们不知不觉地锻炼了自我能力，拥有了责任感，形成了坚忍不拔的积极心态。设置小岗位，确实是锻炼人的一个重要措施。有一个"什么都干不好"的学生小K，平时懒懒散散，但在担任安全委员后就像换了一个人，他在手背上写上"记得课间关灯，放学关窗"的字样，开始了起早摸黑的坚持……此后，他所在的班级获得"常规竞赛"安全项目评分周周优胜，学期总评年段第一。他也被同学推选为"班级感动人物"。在同学们的热烈掌声中，我看到了他眼中的光芒。激励学生去做成一件事，让他在做事中学会坚守，在承担中学会担责，在成事中得以蜕变。

挖掘内在潜力，是培育积极心态的重要途径。在班级管理中，教师需要给有特长的学生提供展示能力的舞台：体育方面好的，鼓励他们在运动场上为班级争光；艺术方面好的，创设机会让他们在舞台上给大家带来美的享受。暂无特长的，要善于发现他们的潜力，并予以放大。比如，小F

找来一根红线把撕裂的作业本串起来，班主任觉得挺有创意，便把他介绍给了科技老师。后来，他的创意作品获得了一等奖。小 X 喜欢用扑克牌玩"巧算二十四点"，我们干脆在班级举行这项比赛，没想到他竟然赢得了冠军。班级管理中，人才的培养要不拘一格。人尽其用，因材施能，鼓励所有学生参与，给每一个学生都提供锻炼和提高的平台，是培养学生能力及积极心态的一个重要途径。

人人有事做，是避免学生无所事事，以及出现消极心态的预防措施。赋予学生职责，让他们把精力投入到自己喜欢的事物上，在责任承担中去体会工作的艰辛和成功的喜悦，从而形成积极心态。

有信念，积极向上的力量

信念，是一个人精神上的"钙"，是永远不垮的精神支柱和力量。

我们要树立信念，先要在心里构建一个理想的自己，从内心及行动上努力成为想象中的自己。教育中的信念引导，我们需要为学生设定一个坚定的方向，并在行动上不断督促强化，助力信念在学生的心中落地生根，让学生为之付出努力，不达目的不放弃。小 N 的父亲非常注重对孩子信念的培养，适时地引领孩子，启迪孩子对自我的要求就是各方面都出类拔萃，这个信念在小 N 的心中激荡。本来非常普通的小 N，开始确立坚定的目标并付诸行动，利用一切闲暇时间力争上游：同学在娱乐，小 N 在看书；同学在玩闹，小 N 在思考。高考结束后，小 N 顺利拿到了理想大学的通知书，实现了人生的第一个目标。

我们要树立信念，构建信念系统，还要挖掘人的潜能，改变"一成不变"的观念，重塑良好的心理态度和精神状态。女孩爱玲，长相并不出众，总是显得很自卑，文采虽好，却总躲着人。在一次"一芳众赏"活动中，同学品读爱玲的文章，寻找优美的句子，激励她做另一个"张爱玲"。一脸惊讶的她抑制不住兴奋之情。之后，她把张爱玲作为自己的偶像。有了精神信仰的她，忽略了自己的长相等"缺陷"，在课堂回答、日常交流中经常文采飞扬，让同学们惊叹不已。她的文章也屡屡获奖。当一个人有核心信念时，他会自动过滤杂念，变得更加自信，他的心态也会更加积极。

信念，能促动人内心形成自我定位，并有能力和力量来支配自己，这种支配能力就是积极心态的保障。卡耐基说："当我们开始用积极的心态并把自己看成成功者时，我们就开始收获成功了。"的确，信念是人生征途中的一颗明珠，既能在阳光下熠熠发亮，也能在黑夜里闪闪发光。

有微笑，坚强面对的乐观

笑，是在压力中释然的结果，是积极、乐观的表现。一个面带微笑的人，传达的是自信、友好和坚强，能以最简单、最快捷的方式感染人、影响人，可谓笑"赢"一切。

笑口常开，有遗传因素，更有幼年个性形成时幸福的环境使然。一种能激励、满足、开放及自由的氛围，会让一个人更加幸福，让其性格更加活泼、外向。但过于纵容会造就张扬，娇惯则任性，以致这样长大的人往往经受不了挫折，此类情况需要避免。积极心态的培育，需要一个规则下张弛有度的教育环境。一个小朋友很爱哭，爸爸为了训练她微笑，告诉孩子凡事要看到好的一面，并利用"微笑记录本"来记录，孩子保持微笑就得一张"笑脸"贴纸，做不到就扣一个"笑脸"，以标记奖酬的方式，让孩子积累微笑，学会微笑，慢慢学会积极思考和坚强面对生活。

保持微笑，有时还可以使用自动提示语来激励自我，在遇到困难时积极面对，遭遇痛苦时积极思考。小 X 是一个沉默寡言的人，遇到不开心的事还会发脾气。老师跟小 X 深度沟通后，他也意识到了自己的问题，可就是控制不了自己。为了帮助他，老师让他与全班同学达成"微笑协议"和"招呼盟约"，他学会时时在心里默念"要微笑"和"同学也喜欢我"等，并把微笑和点头内化为见到老师和同学的自觉行为。慢慢地，小 X 学会了微笑，也交到了朋友。

微笑，是乐观与坚强的外在表现，是面向美好的自然流露，也是源自内心的积极状态。正如鲁迅先生说的"世上本没有路，走的人多了，也便成了路"，同样，笑多了，就学会了笑，自然会多往好处想。多多训练和激励自我，慢慢就心存感激，心态就会更加积极。

有希望，源自收获的动力

梦想所带来的心态，可分为三个层次：一是有梦想，但看不到希望；二是有梦想，能看到希望，但不知还有多远；三是有梦想，有希望，能不断地收获。大量实践充分证明，并不是有梦想就能带来积极变化，只有在希望中不断收获，才会拥有积极心态。

充满希望，拥抱收获，才能怀有无限的热忱。乡村邮递员希瓦勒说："我想知道一块有了愿望的石头能走多远。"他一路送邮件，一路收集美丽的石头，最终建成了世界上最美丽的城堡。他的积极主动，是在不断地实现梦想，是在一块一块石头垒砌的变化和收获中变得更有动力的。班级常规管理过程中用行为积分制来评定优秀学生，以奖励小红花的形式来激励学生进步，都是以点滴收获来激励学生实现梦想的典型做法。

教育和启迪学生成长的过程亦如此，教师不仅要培育学生心中的梦想，更要让他们在点滴收获中看到希望。

小Z是一个早产儿，视力还不好，学什么都学不好，有点儿自暴自弃。为了消除学习带给他的紧张感和压迫感，我经常找他聊天。他也会在我批改作业时，来给我捏捏肩膀，敲敲背。为了点燃他内心向上的火苗，我经常鼓励他："小Z的回答，很有自己的见解。""小Z，很有爱心！"……一次偶然的机会，我发现他喜欢抄诗、改诗，于是在"班级园地"展出了他的两首小诗。欢呼雀跃的小Z经常在"班级园地"前流连忘返，改诗、写诗成了他最大的满足和乐趣。他毕业后，有一次我在超市门口碰到他，他竟然激动不已地紧紧抱住我，告诉我，他已经积累了好几万字的诗。正是由于不断创设收获，让小Z一点一滴寻回自信，让他始终处于热烈情感中，努力发展自己，主动积极地向着无限精彩前行。

一个人拥有积极心态的最重要因素是，心中有梦想，并能在不断收获中看到希望。确立一个个小目标，助力学生一点一滴地实现梦想，让学生始终处于热烈的氛围中，是现实教育中教师引领学生成长，激发学生形成积极心态的高级境界。

有勇气，不懈努力的坚持

积极心态的至高状态，是有勇气。那种迎难而上，遇到失败不气馁、坚忍不拔的精神，最令人敬佩。要实现这一点，不仅需要学生本人的不断努力，也需要教育者在教育过程中不断坚持，永远不放弃，永远不消极，让学生在心中树立坚定的信念。

成功时的洪荒之力，源自日常的咬牙坚持。勇气的形成有三大因素：一是形成"我能行"的意识，二是学会坚持，三是坚持过程中要有一个同样有坚持力的监督者。

小Q和小W都入选了校弦乐团，两人的乐感和感悟力差不多，随着训练难度加大，初期的兴趣失去后，两人都出现疲态，开始松懈，老师鼓励两个孩子坚持，并提醒家长坚持监督。刚开始，两个孩子也动力十足；慢慢地，由于小W的父母渐感孩子不易，觉得将来孩子也不一定非得拥有这项技能，加上自身原因导致监督困难，逐渐松懈。三年后，当小Q成为校弦乐团小提琴"首席"，带领校队获得重大赛事一等奖时，小W早在一年多前就已退出校队，并很久没有碰小提琴了。

如何帮助学生形成坚持力？这就需要给学生设定一个个小目标，让学生看到希望，学会坚持；在这个过程中，我们需要让学生勇于把"不可能"从自己的词典里删除。小Q父母坦言，小Q成为"首席"之前，也经常会松懈，训练时讨价还价、磨洋工，规定训练时间内，一会儿喝水、一会儿上厕所，练习效果很差。后来，小Q父母调整了方法，改为目标激励，规定每日训练量为一首曲子的某种熟练程度，没有完成则时间加长，这样小Q不得不咬牙坚持，并提高专注度和训练强度，以尽快完成目标。慢慢地，那些原本被小Q认为不可能掌握的技巧都被攻克了，原来觉得很短时间内不可能熟练的曲子被完整演奏出来了。成功的喜悦让小Q变得越来越自信，更有勇气挑战一首首难度更大的曲子，慢慢成为乐团的首席。勇气和坚持让小Q走向了成功。

任何成功背后，都有一个坚忍不拔的动人故事。教师启迪学生通过设定一个个小目标，有勇气去挑战、去坚持、去实现。利用坚持力，努力当下，收获未来。

积极心态形成的因素有很多，爱、责任、信心、希望、乐观、勇气六大品质的形成是关键。因此，通过营造爱的氛围以爱育爱，在"承担责任模式"践行中，学会承担，发现自我，习得在压力中调适，学会乐观面对困难，培育良好信念，为了理想和目标，勇敢而努力地去奋斗，是积极心态形成的重要途径。

犹如拿破仑·希尔定义的那样，积极心态，是一种自信、坦诚、建设性的思想状态。一旦拥有，即会自动发挥作用，成为一种生活方式，一种习惯，深植于内心，如坦诚、正直、主动、慷慨、勤奋、友好和明事理等良好品质，就会与你如影随形。因此，每个人要用自己的方式，依靠自己的意志力，努力去建立和获得积极心态。

良好习惯培养"六步"策略

习惯培养是一种系统性很强的教育科学，涉及规范的建设、监督机制的构建、积极氛围的营造、奖惩并济的措施完善等方面。培养过程中尤其需要师长激励学生主动参与，通过耐心、不厌其烦地细节指导，帮助并不断促进学生规范意识的形成，成就良好行为。"感悟—约定—指导—监督—奖惩—优化"六个步骤，是良好习惯有效养成的重要途径。

启迪认识，感悟重要

习惯，是一种自动化行为。

习惯培养的第一课，是激起学生自我反思，让学生意识到习惯的重要性，下决心改掉坏习惯。这需要教师捕捉学生身上的坏习惯，通过创设让学生"看见自己"的情境，比如镜像记录、模拟表演、重构现场等冲击视觉感官的画面，来激发学生改变。如有学生插队，可以让他体验一下别人插队时自己的感受；学生课上坐不住，可以提前告知学生老师准备在他不注意时，拍下他的课堂表现，并与学生个别分享交流。引导学生自我反思：我有没有坏习惯，需不需要改掉这个坏习惯？以学生乐于接受的方式，深刻地揭示坏习惯的本质，让他们切身感受到好习惯的重要性，唤醒他们改变的迫切愿望。

感悟，让学生产生了养成好习惯必要性的认识。有认识才有反思，有反思才有意愿去改进，有改进才会有更主动的进步。

自我约定，树立目标

习惯培养的第二课，是让养成良好习惯成为学生发自内心的一种需求。过去我们强调"规范"，学生的习惯训练条例和目标都是老师制定的，不管学生能否做得到，十几条或几十条地制定，张贴在教室的墙上。这种"在墙上挂挂，给领导查查，让学生念念"的内容，不能走进学生的心里，有些规章制度反而容易成为学生眼里的约束条款，限制会带来更多的"逆反"。

要跳出过去观点的框框，就需要广泛发动学生参与讨论：习惯这么重要，我们需要形成怎样的约定来重塑好习惯？与学生共同商定具有约束力的约定，提出培养目标，以此作为学生行为的参考依据，用于纠正其自我行为。该约定不仅要告诉学生不该做什么，更要告诉学生怎样做会更好，体现出对学生的尊重与包容。约定的内容可包含学生的安全、礼仪、学习和品质等方面。

制定约定，内容不能太复杂，要根据学生实际需求，要充分考虑班级实际、学生年龄和心理特点，以生为本地拟定。对于低中年级学生，我们可以编一些儿歌、小口令。比如，课堂上要"小小手放放好，小嘴巴不说话"；下课要"轻声慢步，靠右礼让"；见到老师、同学要"行礼问好，微笑点头"；课前要"学会整理，保持干净"；回家要"认真作业，按时作息"；等等。对于小学高年级学生或中学生，我们要运用更加偏向于理性化而实用的内容，如安全方面的"不做危险游戏"，卫生方面的"学会整理、保持干净"，纪律方面的"轻声慢步、不喧闹拥挤"，礼仪方面的"热情招呼、使用好体态语言"，学习方面的"主动学习、认真倾听、及时完成作业"等。规范的制定需要立足学生起点，着眼于学生最近发展区，做到"简单、必要，能做到"。

约定，不能成为老师对学生的一种强制，而要成为学生对自己的要求。约定的内容要得到学生的认同，这样才能让学生把习惯培养的内容内化为自己的追求目标。

具体指导，榜样示范

没有具体指导和榜样示范，很难督促学生养成好习惯。我们经常发现，教育者在学生习惯训练的过程中，习惯采用否定式教育，而示范性不够。如，看到学生坐姿不正确，就批评："你怎么这样坐？"看到学生没完成作业，就质疑："你怎么连这都不会，是不是上课没有认真听？"在示范方面，我们教育学生"礼貌待人"，而在得到学生的帮助后，自己却忘记说"谢谢"；教育学生"讲究卫生"，而见到地上有纸屑，我们忙招呼学生来捡，自己却袖手旁观；学生礼貌地问好和打招呼，许多老师却不声不响地走了……指责和不正确的示范，往往导致学生不知道该怎么办；错误的积累往往让学生陷入不知所措的迷茫，进而不思进取，自暴自弃。

我们商定的公约是对行为结果的要求，一般没有具体交代该如何达成。所以，教师培养学生习惯时必须具体、细致地指导和示范。如，对于"使用好体态语言"的礼仪习惯，指导时要从每一个细小的动作入手，从坐、立、行、走开始指导，具体说来，包括：如何看书，握笔，敬礼，接、递东西；如何说话、咳嗽，见面如何行礼问好等。又如对于"学会整理"的卫生习惯，指导时要告诉学生，笔、尺子要收拾到文具盒中，如何摆放可以更节省空间，书本放入书包里顺序如何（常用的、小本的可以放在上面），每节课前准备什么，课后如何收拾等。此外，在礼仪和卫生方面，老师要树立榜样，率先垂范，让学生明白如何做才是正确的。

习惯训练，需要教师给予正确的指导、耐心的示范，让学生有一个模仿的过程，带领学生一个一个地去完成训练目标，然后促使学生产生自觉的行为，养成良好的习惯。

自我检测，相互监督

自觉行为的开始，需要严格要求，通过自我检测，加强互检互评，让学生逐渐学会自我约束。检测过程中，一般需要制作两个表格：一是"自我检测表"，每周一张，一天一次对照，进行自我回顾和整理，见表1-1。

表1-1 好习惯训练自我检测表（每周一张）

具体内容	我完成的情况（今天做得很好，就打"√"）
1. 轻声慢步，靠右礼让	周日　周一　周二　周三　周四　周五　周六
2. 行礼问好，微笑点头	周日　周一　周二　周三　周四　周五　周六
3. 学会整理，保持干净	周日　周一　周二　周三　周四　周五　周六
……	……

二是小组评价表，除了自评外，更需要他评（可以是学生评、父母评和老师评），作用就在于建立生生之间相互监督、相互提醒的良好氛围。

登记表，是对学生一日行为表现情况的反馈记录单，是相互监督的内涵所在，与学生个人表相互对照（见表1-2）。根据同学表现情况赋分，一天一张，每日得到多少个"√"，一目了然。"√"可以换成积分，积分可以换表扬信等符合学生内心需求的奖励。没有得到正常积分，甚至更少积分的学生则需要通过服务他人、服务集体等行为来换取积分。实践发现，"一套适合学生当前发展的约定＋一套深得人心的评价体系＋一个长效的监督机制"，是习惯养成的重要保障。

表1-2 班级一日习惯训练情况登记表

序号	姓名	轻声慢步靠右礼让	行礼问好微笑点头	学会整理保持干净	……	得"√"个数	备注
1	×××						
2	×××						
……	……						
值日日记							

监督需要有长效机制，否则习惯培养就像绕线球一样，若一不小心线

球从手上滑落，那么之前辛辛苦苦绕起来的，就会付之东流。只有持续地关注，持续地训练，习惯才会成自然。

奖惩并行，不断促进

引导学生养成习惯，教师需要及时表扬。没有表彰和督促，习惯训练就会流于表面。学生们初步养成了习惯，教师就要进行及时的表彰：如果是小学低年级学生，教师可以贴一些小红花、小苹果、小星星之类的；如果是中学生，教师可以用积分这种代币制的方式，帮他们叠加自己的好习惯。孙云晓曾提出"培养好习惯用加法，改正坏习惯用减法"，不断累加到一定数量，就授予某种奖项。习惯积分亦可以融入到学校常规评比活动中。完善班级奖惩机制，利用有效的表彰，激励进步的力量，能让学生保持持久地参与到习惯训练的活动中来。

需要提醒大家的是，习惯训练中，若有学生出现反复时，要按规定给予适当的小惩罚。因此，教师要及时关注学生的表现，不能对小错视而不见，要及时地纠正。小错积累成大错，再进行"大惩罚"，这种"秋后算账"式的措施，不能促进学生深刻而有效地反思，教育效果比较差，也训练不出好习惯。比如，A学生喜欢上课讲话，老师没有及时制止，他就养成了上课随意讲话的习惯，此时老师再进行训斥，会引起学生的对抗，因此需要在初期，及时制止学生的这种行为。

面对学生的坏习惯，罚什么？当然是奖励什么，就罚什么。不能老师想惩罚就惩罚，而是需要按照规则办事。若奖励的是积分，就罚扣除积分；若奖励小红花，就罚扣除小红花。若这些惩罚没有用，那就需要全班学生商量一个惩罚办法，大家都认同的方法，让受罚学生也觉得不罚不行，不罚不足以让自己改变，这样学生就乐于接受，才能有效改变。

习惯的改变，有两个最基本的外在因素，它们分别是激励的扬长和惩罚的警戒。只有巧妙地进行奖惩结合，才能做到诫勉与鼓励并行，促进学生不断改变习惯。

优化环境，期待成长

氛围，是精神环境，也是心理环境，良好的氛围对学生行为习惯的养成有正向影响。我们经常看到一个后进生进入优秀班集体，受到良好班风的熏陶，很快就改掉身上的坏毛病。当然，也有反向影响的情况。良好的集体风气的形成，是需要"时时关注、时时促进"的。对学生的良好表现，要鼓励、支持、欣赏；对不良行为，要及时制止、相互提醒、互相监督，用积极的方式去维系良好的氛围。

习惯养成，既要有"统一标准"下的约定，更要有尊重成长差异的因人而异。不同的学生起点不同，我们需要有适应不同学生发展变化的措施。对于个别后进生，要以"静待花开"的心态面对，要适时调整标准，让他们自己提出计划和发展目标，哪些约定容易达到，可以先参与训练；哪些标准一时改变不了，可以商量一个缓冲的底线。同时，要激励优秀学生与之结对子，开展生生之间的互帮互助，以求相互监督、共同进步。当然，在习惯培养的过程中，可以适当采用弹性评价法，如先给予奖励，再进行强化教育的方式。事实证明，学生对自己制定的目标会更加认同，并能逐步增强自我认识、自我规范、自我评价的能力。

期待成长，先行鼓励，构建一个友好的"能量场"，让学生置身其中，利用期待和鼓励，赋予学生满满正能量，润物无声，滋养成长。

习惯培养的"六步"策略，使得习惯培养变为了学生可知、可感、可接受的目标，进而有效转化为学生的行为。这个过程，教育者不再是站在跑道终点按秒表的裁判，而是站在跑道两边呐喊助威的啦啦队员。教育者要激发、保护和强化学生的自我内驱力，让学生在奠基良好习惯的同时，保持自信、上进的发展状态，享受健康快乐的成长。

一个良好习惯的养成，比改掉一个坏习惯要容易得多。因此，习惯培养需要抓住初始阶段这个最佳时机。我发现一个关键现象，即人与人关系建设初期，如果双方的要求或共同约定，在最初的磨合期被严格执行，那么这个约定会被双方定位成一种稳定模式，深刻影响着双方的关系，并构成具有一定思维惯性的心理场域。这个过程中，若学习者对教育者形成了尊敬和认可的关系，就能保证学习者对约定的更好遵守，利于学习者良好习惯的形成，更利于教育者之后对学习者正确价值观的引领及积极心态的培育。

正确价值观之"六式"引领

正确价值观的引领，是一个动态无痕、润物无声的长期工程。学生正确价值观念的形成，是一个"学什么，知什么，做什么"的过程，需要全方面、多层次推进，涉及氛围营造、示范引领、课程育人、动态引导、正面激励等。"文化滋养—氛围影响—示范指导—课程内化—情境唤醒—评价落实"六种方式，是实现正确价值观引领的重要路径。

无痕式引领，以文化滋养心灵

少不更事奠基的价值观念，往往更能深刻地烙在内心深处。比如，我依稀记得幼时"杀死大灰狼"的睡前童话，萦绕脑海的猎人海力布的正义故事，挥之不去的"铁人"王进喜的人物精神。

学生的价值观念形成于无痕之中，文化风气往往能深刻影响学生的品位和行为方式。家中一屋书，孩子常会书香气满满；家中一桌牌，孩子则容易满嘴秽语。从班级学生阅读书籍的角度分析，若是《十万个为什么》，学生口中则是"天空为什么湛蓝""清晨的雾气如何形成"；若是《三字经》，学生口中则是"人之初，性本善"。文化引领，是无痕式的价值观引领，不得不慎重。教师需要改变学生"快餐式"阅读或不阅读的现状，引领有品质的阅读，如精选阅读书目，开展"带好书""读好书"活动，深入开展"读人物""学精神"活动，再进行"精读一段文""学做一个人"等活动，结合评价、展示等，引领学生读有品位的书，做有品位的人。

教师和家长引领孩子乐读、悦读，以优秀的故事、绘本、儿歌等，让孩子耳濡目染，带领孩子去博物馆、纪念馆，领略大好河山，领略人文景观等，以文化滋养心灵，提高精神境界，培育文明风尚，形成正确的价值观，既是家庭教育的必需，亦是学校教育的必需。

浸润式引领，以氛围影响价值

古有"孟母择邻而居"，今有"家长择校而学"，无不折射出环境及氛围的重要性。随着现代教育观念的更新，越来越多的人发现，家庭教育环境对孩子的影响大于学校教育，更大于社会环境。

家庭对孩子的价值观是润物无声的影响，家风营造需要有核心精神，如，父辈坚守"勤劳、真诚"，并一以贯之地引领后辈，那么孩子就能传承这份精神。"穷人的孩子早当家"说的就是这种现象，父辈在不知不觉中为孩子埋下立志奋斗的种子：一是父辈的勤劳、真诚，为家庭兢兢业业地付出，为孩子营造了"勤奋、上进"的氛围；二是孩子早早懂得父母的艰辛，深刻感受到父母的不易，内心埋下立志奋斗的种子；三是让孩子及早参与家庭事务，赋予其更多的职责，让孩子对家庭有了更多的责任感。

学校和班级的氛围亦是影响学生价值观的重要因素，学校需要确立自己的核心价值理念，如，某校以"好学、优雅"为培育目标，引领学生树立"我是某校学生"的自豪感，在校内外以此目标来要求自己，定期宣传和表彰学生在校内外模范执行学校"核心价值观"的表现，以此引领广大学生的日常行为。班级更是在学生行为表现上用"核心价值观"来细致落实，如，对接"优雅"的"雅致"班的核心精神是：做一个雅致的人。日常学习生活中，"雅致"是学生的"口头禅"。学生发脾气，就有同学会帮助疏导，协助他分析发脾气的危害，一个"雅致的人"遇到事情首先得学会控制情绪；学生做错事，其他学生就来及时制止，谈谈产生错误的原因和危害，聊聊"雅致的人"是如何避免再犯错误的；班主任也经常会结合学生身边的事例,以"雅致"为题引领学生讨论,帮助学生分析利弊,形成良好的价值取向。

久熏幽兰人自香,当学生浸润于浓浓的精神氛围中,师长和同伴辅以不断正向引领,即能形成一股"同行则悦,逆行则斥"的能量,学生会在不知不觉中以一种精神朝向去实践"核心价值观"。

点睛式引领,以示范指导行为

价值观,决定一个人的行为方式。任何成人的潜意识行为,都可以追溯到少年的经历。在孩提时代,成人的行为会给孩子留下深刻的烙印,成人粗暴,孩子则认为粗暴即是解决问题的重要途径,成年后潜意识中亦有暴力倾向;成人以德修身,向孩子传递尊老爱幼、平等和睦等观念,孩子会变得有责任、友善。

价值观的培育离不开成人的及时示范与指导。在家中,若想让孩子爱上学习,家长需要引领学习和阅读,让孩子感受到"爸妈很爱学习";让孩子不玩手机,家长在家里需要把手机丢一边;孩子迷恋电子产品,家长则需要跟孩子订立电子产品使用公约,并严格执行。学生小A爱说谎,拿了同学的东西从来不承认,教师深入了解后发现:小A父亲在他做错事后,会粗暴地揍他。慢慢地,他就形成了做错事从不承认的习惯。改变从小A父亲的态度开始。父亲学会了跟孩子交流:为什么犯错,如何避免犯错。父亲表示自己会示范,会跟小A一起学会控制自己。之后,小A跟父亲一起取得了可喜的改变。

价值观的形成与发展,更需要有意识的点睛式引领。L老师记得自己小时候,爸爸总跟他们说"三兄弟孝敬父亲"的故事,内容大意是:有一家的三兄弟都非常孝敬父亲,大哥每月孝敬很多生活费,二哥觉得大哥给的太少,总是会多拿一些给父亲,三弟觉得两位哥哥给的还是太少,自己总是拿的更多。现实中,L老师就是三兄弟的二哥。他们小时候,躺在爸爸身边时,爸爸总是不停地讲这个故事,内容深刻地印在他脑海里了。现在的情况是这样，L老师若回老家，每次拿给爸爸的生活费总是比大哥多，而且令人震惊的是，这已经是一种潜意识的行为了。

点睛式引领，即方向性引导，一件事重复多次，会让人在潜意识中形成"应该怎样"的概念。在学生价值观形成的初期，成人的良好示范引领及方向性引导能在孩子的内心中埋下潜意识的种子，是善，还是恶，皆源自引领。

导航式引领，以课程内化品质

学校的价值观引领，需要发挥课程育人的主渠道作用，从"知"的层面深入挖掘，契合学生的认知规律，通过对"社会主义核心价值观""核心素养""人格品质"等内容的设计，向学生传递崇高志向、理想信念和良好品质，从而正面引导学生形成正确的价值观念。

学生价值观的形成，跟知识获取有密切关联；高尚的道德示范、日常的习惯训练、适时的心理调节，是学生德行养成、健康成长的重要内容。因此，价值观引领教育需要走在学生发展前面，以前瞻性的教育去引领成长，并依照学生价值观形成的"初始阶段""衔接阶段""时事动态""关键时段"四个关键引领阶段适时介入，在国家德育课程《道德与法治》的基础上进行补充，形成"1+3"价值观课程系列，引领学生成长。具体见表1-3：

表1-3 "1+3"价值观课程系列

课程	引领阶段	引领方向	课程名称	实施时间	实施进度	引领内容	引领目标	实施安排
1	关键时段	品质塑造	道德与法治	每周两节	学期课程进度表	爱国、爱家、敬业、友善等素养内容。	良好品质，具有家国情怀、有理想信念的人。	专职教师

续 表

课程	引领阶段	引领方向	课程名称	实施时间	实施进度	引领内容	引领目标	实施安排
3-1	初始阶段	习惯养成	入学课程	入学第一周	新生入学第一周	纪律、卫生、礼仪、安全、学习等习惯内容。	养成良好习惯，形成"知善而行"的价值观。	年级老师
3-2	衔接阶段	精神导航	开学课程	开学第一天	各年级开学新课	自理、环保、服务、接纳、自律、勤奋等价值观念。	学会管理和保护自己，培育刻苦的意志，为未来努力。	德育处、班主任
3-3	时事动态	心灵发展	成长课程	动态引领课	固定班会+动态引领	感恩、宽容、耐挫、悦纳、生命等思想内容。	懂得自我调控，安全自护，健康生活，养成积极向上的心态。	班主任等

课程引领，具有导航意义，在学生成长的各个关键阶段，依据学生心理动态、行为表现等适时介入，调动全体育人力量共同参与，全方位地发挥育人作用，将学生引领成长的正确价值观和良好品质内容细化落实到课程中，合理地融入并渗透到教育教学全过程，培育学生正确价值观的形成，引领学生健康成长。

体验式引领，以情境唤醒感悟

价值观引领亦需要立足实践，注重贴近学生内心的"精、小、准"，通过创设真实情境，以学生的视角来触动学生感悟，让学生在真正体验和实践活动过程中，去收获自己的理解，形成自我感悟。

情境体验式，在于把学生纳入情境中，深入体会，深刻感悟。如，一次临近毕业，一些学生坦言，自己似乎看不见未来，有点儿惶惶不安，一时陷入了焦虑。"一个12岁的男孩，患了眼疾失眠后，他会怎样？亲人如何？未来如何？"我以悬疑的方式，呈现盲人音乐家安德烈·波切利的成长故事："12岁少年因患眼疾成了盲人。他用绝食来抗议命运对他的不公。母亲开导他、劝慰他。他声嘶力竭地咆哮，寡言少语的父亲附在他耳边说了一句悄悄话，他的泪水戛然而止。第二天，他摸索着走出了家门，靠'点字乐谱'重新学起音乐。他坚持着，在获得'圣莫雷音乐节最佳新人奖'后，各种世界级音乐奖都朝他涌来……原来，父亲凑在他耳边说：'别气馁！你看不见你眼前的世界，但要让这个世界看见你！'"我为学生创设了不断去猜想、去深究、去验证自己猜想结果的情境。每一段文字都是在学生的多次猜测后呈现，每一次板书都是学生验证后写上的。学生在这一创造过程中，一次一次地受到感染、震撼和教育。课后，学生坦言，那个盲童让他们看见了光明的未来。令人惊喜的是，他们个个都铆足劲儿，在毕业考试冲刺阶段，精神抖擞，动力十足，最后各项成绩名列前茅，创造了一个个"安德烈·波切利"式的奇迹。

体验式引领，在于激发学生通过想象、猜测、选择、讨论、验证、辨析、归纳，触动学生心弦，更深刻地引领学生正确地去思考，形成正确的价值观。

激励式引领，以评价落实行动

行为表现，是价值观引领是否有效的重要体现。激励评价的方式，能促进学生把所学的内容落实到行动上，真正形成知行合一，让正确价值观落实到行动中。

激励式评价，能正向强化行为。对学生形成的感悟，以评价来不断促进学生强化，是较为有效的方式。日常教育教学生活中，学生的哪些行为是对的，哪些是不对的，可以用"自我评、同伴评、师长评"的方式，及时让学生感知行为的正确与否，不断地促进学生形成正向行为能力。如，新学期"告别慵懒"引领课实施后，为了让学生懂得告别慵懒是需要下决心，下苦功夫的，课程的最后环节采用了评价式的新学期"告别慵懒"行动登记表，让学生看到需要拿出决心，才能告别慵懒，同时也利用这张表，让学生真正去践行"告别慵懒"。具体见表1-4：

表1-4 新学期"告别慵懒"行动登记表

姓名：

行动 \ 日期	周一	周二	周三	周四	周五	统计
①能够按时作息，不迟到、早退。						
②作业按时完成，上课专心听讲。						
③每天坚持锻炼，不贪嘴不多吃。						
④看电脑、电视＜30分钟，不玩游戏。						
⑤多多阅读钻研，每天做家务一次。						

注："告别慵懒"计划书5项内容，每日都做到得5分，一项做不到少得1分，每周统计1次。得分少于20分的，将要在全班同学面前再次表决心。

正确价值观的落实，需要注重知行结合，"知道，并不代表做到；明白，不代表就能践行"。让正确价值引领，成为真正落实学生实践的"真"教育，需要对接和细化日常评价，以评价激励的方式链接内容与行动，让行动落到"实"处，促进育人目标的真正落地，"导航"学生正确价值观形成。

价值观之"六式"引领，创设适合的情境，把正确价值观内容融合为文化，细化到日常活动，点点滴滴、不知不觉中，以学生所能理解的、更感兴趣的方式，"导航"正确价值观念，不断地塑造学生良好的品格、品行、品位。

价值观，并非一成不变，会随环境、学生成长、同伴影响、自我意识觉醒等发生改变。价值观引领，亦是一个长期的工程，需要教育者实时关注，并在学生迷茫之际、改变之意、豁然之时，及时介入，引导学生心灵纯正，开启学生的智慧之门，引导学生健康成长。

促成自主管理"六方"协约

自主管理,是一种学生自我克制及与周围和谐共处的综合能力。在一个集体中,对学生自我管理的培养,需要建构以学生生命和谐发展为本的相互关系,在建设与管理中凸显民主与平等,主张协调与协商,体现自主与选择。这一切需要与学生达成一个多方认同的约定来遵守——协约,"集体—小组—同桌—自我—师生—亲子"的"六方"协约,是促进自我管理养成的保障。

集体协约,人人尽责共一心

学生在集体共处时的自主管理,需要有一个共识的约定。每个学生的原生家庭生活经验和过往规则概念的差异,使得人人都形成了较为独有的认识和习惯,现在学生们学习、生活在一起,若没有统一的约定,很难融合在一起。那么,这个达成共识的约定,该如何来制定呢?

第一,确定方向。班级约定的内容,大体方向需要老师把握,学生共同参与,可以从学校对班级评估的角度出发,如五项竞赛:安全、卫生、礼仪、纪律、出勤,加上班级自主需求的学习、视力健康等,或是班级学生中目前做不到的,急需通过约定来提升的一些常规,如垃圾分类、光盘行动等。

第二,拟定草案。确定分类项目之后,草案可以由小组长牵头拟定具体内容,由班委进行逐条整理。草案要明确每个项目的具体内容,拟定班级约定的细则，力求简单、明确、通过努力做得到，再分项确定并细化内容评分权重，为之后的评估做准备。

第三，确认内容。全体学生参与，这是约定内容形成并达成集体共识的一个重要议程。召开全体学生会议，大家一起逐条逐句地商议，查漏补缺，求同存异，形成一个较为完整的班级约定。这个过程是学生思想交流和情感交融的重要时机，是集体确认约定内容的重要契机，也是协约达成共识的重要环节。

第四，共同签约。班级约定形成之后，教师给全班每一位同学印制两份。印刷品要尽量美观、精致，让学生感受到庄重感、分量感。这样一来，学生们会倍加珍惜，认真读一读、想一想，哪些约定是自己已经有的好习惯，还有哪些需要在今后改正。最后，大家签字，协约正式生效，一份由学生自己保留，一份存在班级，以此坚定学生的信念和责任，坚守学生的决心和承诺。

从起草到签约，人人参与其中，共商共议，既是自我要求，也是相互约定。在班级学习生活中，若有同学违反协约，班委会建议他从协约中寻找自己的不足，明确自己的责任和义务。学生在面对公众监督和自我承诺中进行自省，会更尽责，这样自然慢慢形成了人心聚集的班集体。

小组协约，生生尽职齐协力

小组是班级重要的单元，小组强则班级强，小组间的相互竞争、相互监督能让班级团队形成一个斗志昂扬、积极向上、充满活力的组合。巧妙设置小组评比制度，是形成这种良好氛围的一个重要抓手。当然，这需要有一个前提——小组之间实力均衡，这非常考验班主任的智慧。因此，组建小组要考虑各方面的因素，如学业、德行、融合度等，充分尊重小组长和组员的意愿，采用"多方自愿选择＋老师敲定"的形式。首先，公开定组长；其次，组长选组员、组员选组长，过程都不公开；最后，班主任综合安排，保证不扎堆、不遗漏。

从"常规"和"学业"两个方面开展小组竞赛,把集体协约内容作为评比依据,以小组为单位,把对个人的日常评估得分进行汇总,进行小组总分的每周通报、每月表彰,邀请家长到场,参与颁奖、领奖。

为了能够赢得优胜、获得表彰,各小组积极行动起来,纷纷出台了小组协约,在如何遵守协约方面制定了更加细致、可行的奖惩制度。如"阳光一族"小组协约,信条:阳光大气;口号:"一族一族,力争第一的组";加分项:遵守班约,帮助组员,得到表扬,发言展示,比赛获奖,作业优秀;失分项:不遵班约,挖苦他人,受到批评,仪容不佳;奖惩:排名前三,自选一次奖励;单日丢分达3分,抽签选择一次罚,第二天必须补回罚分,否则加倍罚。

虽然每个小组制定的协约内容各有不同,但是目标都是一致的——赢得优胜。小组都制定了奖罚制度。这时班主任需要进行指导,选择合理、学生做得到并有促进作用的奖罚内容。协约签订后,小组内相互鼓励,相互监督,相互促进,相互进步,促进了生生尽职。有暂时落后的学生,为了督促自我进步,还跟小组单独签订了协约,邀请小组成员加强监督,助力自己进步,加快跟上小组节奏。

同桌协约,俩俩尽善生温情

同桌的座位安排,是班级和谐的一个非常重要的因素。班主任安排时需要注意互补性,如爱讲话的,必须找一个沉默寡言的同桌;管不住自己的,必须有一个看到同桌不守纪律心里就难受的搭档;学科成绩薄弱的,需要一个较强的学生来辅助。这样的安排,既能够相互制约,相互协调,又能相互帮忙,相互促进,极大促进了班级的和谐和进步。

但这样的搭档,因为差异大,磨合期必定会意见不合,心生不满,严重的甚至会相互诋毁,相互排斥。因此,这需要用同桌协议来协调。同桌协议个性十足,基本都是根据两个人的个性特征及互助情况来拟定的。如,男生赵×汉大大咧咧管不住自己,女生张×璐细心,善于提醒,两个人经常因为赵同学不满张同学的"爱管闲事"而生矛盾。在小组协调下，两人签订了同桌协约，内容如下：

"汉·璐"同桌协约

赵×汉同学和张×璐为同桌，为了相互促进，相互提高，自愿签订"汉·璐"协约，双方约定如下：

1. 双方相互关注对方表现，有相互监督课堂遵纪、学习表现、课间整理和卫生的义务；

2. 双方相互关心对方学习，有相互指导、相互提醒作业完成、上交的义务；

3. 双方相互关爱对方，当对方遇到困难时，有主动帮助的义务，也有维护同桌利益的义务；

4. 提醒时，提醒方注意语气委婉，被提醒方须控制好情绪，尊重提醒；

5. 本协议签订之日起生效，同桌位置调换时自动失效。

此协议一式四份，双方各一份，小组一份，班级一份。

签订人：　　　　　　　签订时间：

几乎所有同桌都根据双方的特点签订了独具个性的协约，协约以双方名字中的一个字来命名，非常好听，朗朗上口。双方自取协约名字，自主协商条文，自愿签订协约，在同桌的日常互动中，各自尽责，共同进步。

自我协约，默默尽力燃生机

班级需要"人人有事做"，每个人至少需要担任一个班级职务，职务没有层次之分，没有好坏之别，需要各尽其能，发挥自己的力量。因此，每个学生选一个自己擅长的班级职务，如，"安全委员""绿化委员""节能委员"……每个学生先自拟职责、自提目标；然后由小组审定，班主任确认；最后与班委签好协定，各司其职。

除了为班级服务的自我协约，还有自我情绪克制、自我行为约束等协约。比如，被同学称为"暴躁女侠"的YY，凡事睚眦必报：同学不小心将水溅到她身上而没有道歉，她马上拿一杯水倒到那位同学身上；同学走路不小心碰到她，她抬腿就是一脚……因为没有朋友，她经常会暗自崩溃大哭。于是，她与自己签订了自我情绪控制的协约。遇到情绪控制不了的时候，她需要做到：（1）做深呼吸，保持冷静；（2）换位思考，发现错误；（3）寻求帮助，倾诉心情；（4）选择专属区域，发泄情绪。签订协约之后，为了记录自己的克制情况，她开始写"红蓝日记"，用红色笔迹记录控制不了的行为，用蓝色笔迹记录有效控制的表现。一段时间后，她惊讶地发现自己日记的主体内容很快就从"红色笔迹"过渡到"蓝色笔迹"，"红色笔迹"越来越少，自己竟然能有效控制情绪了。当然，除了协约让她能够有效克制之外，在这段时间里，班主任推荐她参加了她特别喜欢的田径训练。这不仅发挥了她的特长，还为她提供了大强度的运动和训练这样一个很好的情绪宣泄口。

师生协约，相相尽爱赢和睦

班级教学过程中，经常会出现这种现象：几个学生课堂上不遵守纪律，全班接受批评教育，甚至被取消课间休息，听老师训话。这种较为粗暴的管理往往让实施者事与愿违：个别学生故意挑逗，全班埋单，这样的管理并不能从根本上解决问题。慢慢地，老师会有讲不完的规矩、生不完的气，学生会有吐不尽的怨气，这会导致师生关系僵化，课堂教学效率深受影响。

一个班级不仅属于全体学生，属于班主任，更属于全体任课老师。要让全体任课老师成为班级中的一员，让他们跟班级、学生签订协约。于是，我们由班委牵头，讲清班级签订协约的情况和理由，找各位任课老师签订协约，协约内容涉及课堂表现评价、课后作业评分、检测评价标准、平时相处内容等。除了跟班级签订协约，老师们还可以跟小组签订协约，跟个人签订了个性的协约。尤其是个人协约，尽显诙谐、幽默，又不失合理、有效。

比如，张老师与陈同学的师生协议。在张老师眼中，陈同学不仅在课堂上喜欢闹（讲话、不专心、眼神飘忽、爱插嘴），还不喜欢交作业（迟交、作业不认真）；在陈同学眼中，张老师喜欢大叫（被吓得一愣一愣的），还喜欢挑毛病（字不端正，坐姿不端正）。双方协定，陈同学不闹，张老师就不叫；陈同学交作业，张老师就不挑（提醒还是要的，陈同学确认可以）。双方协定，从此遵守协定，拉钩，一百年不许骗人。没想到，一周之后，双方协约目标就完美实现，皆大欢喜。可以说，师生协约尽显关爱，尽显融合，相互克制，相相尽爱，赢得了师生和睦，课堂和谐。

亲子协约，双双尽心享和谐

家长和老师没有直接的联系，不便于签协约，那么，这份协约就通过学生跟家庭来签署。学生是学校"派驻家庭的代表"，他们能把学校的教育理念、教育思想、教学落实要求反馈给家庭，家庭则会把家风、家教、家长示范等在孩子身上呈现。因此，孩子与家长的亲子协约实则代表了家校协约。

协约由学校牵头，内容细节则是由孩子和父母协商完成，学校给大体方向和建议，三方履约：父母履约的内容包括父母陪伴、榜样示范、督促孩子、温馨提醒、及时反馈；孩子履约的内容包括遵守作息、认真学习、和谐沟通、做家务、适时锻炼；学校履约的内容包括汇总反馈、评比表彰、提供帮助等。最后，父母、孩子、班主任三方签订协约，各方保留一份。该协约在征得学生同意后，可以在班级中展示，为同学们树立了居家学习的榜样，也多了一把评价学生的尺子。

亲子协约保障了三方的利益：对学校来说，强化了父母对孩子的教育和监督，有了学生居家学习督促的保障；对父母来说，有了监督孩子的"尚方宝约"，让日常的督促合理化，避免了亲子矛盾的尴尬；对学生来说，父母多了一些陪伴和垂范，提醒态度有了改善，沟通会更和谐。亲子协约促进父母和孩子双方的努力和付出，构建了更加和谐的家庭氛围，皆大欢喜。

平等的协约关系，给了学生更多自由选择的空间、自主倡议的机会，尽可能多地让他们以自己所特有的方法去看、去想、去感受一切事物，激发他们的认同感和责任感，最终实现了班级管理的平等、民主与和谐。

一个班集体的凝聚力，体现在向心力、和谐度和守约度上。其中，守约度是和谐度的前提，和谐度是向心力的保障。"没有规矩，不成方圆"，但一个真正的班级管理者，不会单纯地让学生去就"规矩"而规范，而是利用集体认同的协约来凝聚学生向心力。对学生来说，协约就是"你情我愿"，是一个美丽的约定，更是信守自我管理的美丽诺言。

引领规范发展"六大"思维

班级是促进学生规范发展的重要场所,班主任是班级常规管理建设的灵魂。不同个性的班主任有不同的管理思维,这导致了班级常规管理方式的不同,最后演变成班级的不同。可以说,班主任的思维起点,往往决定了一个班级的终点。班主任需要建立"目标意识—规范意识—民主意识—扬长意识—引导意识—发展意识"六大思维意识来引领学生规范发展。

目标意识

班级发展目标对学生的行动具有指导意义。学生朝向目标不断努力的过程中,逐渐将这种行动内化为一种心理因子,慢慢化为自己的内在价值尺度,并以目标来自觉衡量自己的行为,坚持不懈,直至实现目标。

曾经有一个班级的学生非常调皮,没人愿意担任该班班主任。上课时,学生像逛庙会一样自由,毫无纪律观念;下课后,学生吵架甚至打架事件不断发生。L老师临危受命,中途接班,本想着"活跃"的学生在运动方面总应该不错吧,可组织他们参与学校的任何活动,成绩总是年级垫底。一次次的打击让他们变得"一无是处"。为了鼓励同学们积极向上,L老师采取目标激励法,特地带他们去参观学校中表现最好的几个班级。看到别班同学的极佳表现,同学们非常震撼。回来后,大家一起讨论:"我们想要怎样的未来?面对这样美好的未来,我们应该怎么办?"经过讨论,大家拟定了符合班级实际的目标:活动上的"凡赛必争"、纪律上的

"遵纪我能"、学习上的"力争上游"。一起为班级取名"金色年高",寓意:只要是金子就会发光,力争一年更比一年高。班级目标的设定,为同学们带去了极大的动力。每当学生松懈时,同学们都会重温当时一起做的约定;遇到困难时,彼此提醒前行的路上"不忘初心"、不能松懈、不可走偏;取得成绩时,大家会说"耶,成功了",并举行庆功典礼,一起分享成功的喜悦,鼓励更多的同学去获得成功。就这样,班级学生一次次突破性地赢得荣誉,各方面表现也越来越好。毕业时,班级的各项成绩实现了意想不到的超越,大家圆满实现了奋斗目标。

因此,在班级建设中,班主任要跳出"走一步,看一步"的思维,给班级一个发展目标,给学生一个明亮的远方,让学生明确自己奋斗的方向,激励大家一起去努力。否则,班级将会失去目标和方向,班主任的工作没有指向性,学生的学习没有目的,最终失去动力,碌碌无为。

规范意识

规范是维系班级常规工作正常开展的重要依据和保障。在建班初始,班主任就需要跟学生共同商定具有约束力的班规,以此作为学生行为的参考依据。学生对照班规,纠正自我行为。

班规的内容无须太复杂,可以根据班级实际,以学生为本,制定学生能执行的规范,"简单、具体、必要、能做到"即可。以"金色年高"班级为例,初期学生的规则意识不强,原班规内容对他们来说,要么内容复杂记不住,要么难度大做不到。于是,L老师和学生一起讨论,从班级实际问题出发拟定了"安全、卫生、纪律、礼仪和学习"五大内容,从最基本、最显性的规范开始。刚开始,班级的班规内容只是表1-5中"先做好自己"的部分。即使是简短的5条规范,学生也很难适应,每一条规范都要反复进行行为纠正。班规执行过程中,仍然有很多学生因为记不住规范丢三落四的,于是大家一起编了方便记住的顺口溜。慢慢地,随着学生能力的提高,不断深入调整规范内容,在"先做好自己"的情况下,增加

"心怀他人、集体"的执行标准，完善口号和目标，形成了表1-5中的规范内容。

表1-5 "金色年高"班班级规范内容

内容	执行标准		口号	目标
1. 安全	★不做危险游戏	★礼让他人	保护你我	更安全
2. 卫生	★保持自己和周边干净	★认真值日	干干净净	显卫生
3. 纪律	★遵守课堂纪律	★公共场所不喧闹、不拥挤等	文明有序	守纪律
4. 礼仪	★举手发言不乱插话	★见面问好	彬彬有礼	懂礼仪
5. 学习	★及时完成作业	★认真倾听	认认真真	会学习
6. 规范	★先做好自己	★心怀他人、集体	规范顺口溜	

班规的制定要充分考虑班级实际、学生年龄和心理特点，班规内容可包含学生的安全、习惯、文明和品质等方面。班规不仅要告诉学生不该做什么，更要告诉学生怎样做会更好，班规内容要体现对学生的尊重与包容。当然，班规制定是一个逐渐完善的过程，应遵循学生道德形成的发展规律，不断调整，但每次调整或增加的内容不宜多，需要根据大部分学生能完成已有规范的情况来修改。

民主意识

在L老师的理解中，班主任的民主意识对班级民主氛围的营造上，应该体现在以下方面：有一套深得人心的评价体系，有一个公平公正的监督机制，有能充分发挥学生个性才能的服务岗位。这样的班集体，能够让学生依存其中，尽职义务和享受权利，人人都有存在感；能够让学生积极向上，生生之间能和睦相处；能够让学生在不断追求发展的同时，提升自我精神价值。这样的班级生机勃勃，学生之间和谐、友爱。

1. 深得人心的评价体系

合理的评价标准必须摒弃人为的过度评价或肆意奖惩，才能深入人心。班级所实行的积分制度是一种简单有效的日常评价方式，能对照评价标准对学生行为进行量化，并根据得分高低实行奖罚，简洁明了，方便执行。为区别于大多数的扣分方式，我们对积分制度进行了创新，每日奖励每个学生10分，对"安全、卫生、纪律、礼仪、学习"五项内容进行评估，每项有2分的基础分。如学生未能按标准执行，每次会少得1分，一天累计一次。然后把全班学生名字纳入一个表格中，让值日班长根据同学们的表现情况赋分。表格一天一张，情况一目了然。具体见表1-6：

表1-6 学生积分情况

单位：分

学生姓名	安全	卫生	纪律	礼仪	学习	总分
项××	2	2	2	2	2	
林××	2	2	2	2	2	
……						
值日一日情况登记：						

一张学生积分情况表，是对学生一日行为表现情况的反馈记录单，是评价体系的内涵所在。表现好得到积分，表现不好则失去积分。积分可以换食品、表扬信等满足学生需求的奖励。积分少的学生则需要通过服务他人、服务集体等行为来换取积分。

2. 坦诚无私的监督队伍

班级常规开展需要强而有力的监督队伍。在"金色年高"班，所有学生都有参与管理监督、发表意见、选择监督员的机会，这样组建的监督团队能获得广大学生的认同，真正做到"坦诚、无私"。为此，我们采取以下方案，保障监督队伍的高效与公正。具体见表1-7：

表 1-7 监督方案

项目	内容
民主选举	无记名投票，公平、公正地选举值日监督员，作为班级学生一日表现量分员。
岗位轮换	一次选举值日监督员 5 人，每日有不同的监督员，每两周重新选举一次，下次选举从前两个记分周中得分高的 10 名学生中选举产生 5 名担任值日监督员。
培训上岗	值日监督员需要先培训后上岗，做到公平、公正、不偏私。
广泛监督	以小组为单位，由小组商量产生小组长。小组长有权利和义务把学生在组内的表现报告给监督员汇总。
服务岗位	班级常设班长、组长、学习委员、安全委员、卫生管理员等职务，一人一岗，人人参与，服务班级，保障班级日常事务及相应工作的正常化开展。

值日监督员每日轮换的意义在于，一方面，可以激发学生的积极性，让更多学生参与其中，在管理中体验如何更好地遵守"常规"；另一方面，可以避免因权力过于集中而滋生"专权"现象。一套良好的常规监督系统，会让好的表现得到发扬，不好的行为得以纠偏，慢慢促进班级氛围的舆论导向健康发展。

扬长意识

在班级教育和管理中，如果能发动每一名学生积极投入到自己喜欢并擅长的工作中，并让他们在工作中体验到成就感，势必更能激发他们服务于集体的热情。

人尽其用，因材施能。班级要设置适应不同学生的不同岗位，让每一名学生都能体会到展示自我、服务他人的快乐。擅长美术的学生，是班级的设计师；点子多的学生，是班级活动的策划总监；自我感觉"不行的"学生，L 老师会激励其做成一件事，并顺势给他一个服务他人的机会。比如，小怡作业字迹潦草，在 L 老师的激励下，她不仅独立完成了作业，而且态度端正，L 老师鼓励她担任班级"美丽作业发现员"。再如，小柏脾气不好，经常会跟同学发生争执。在又一次与同学发生争执的过程中，经过 L 老师的引导，他慢慢控制住了自己的脾气，于是 L 老师让他担任班级"友好事件播报员"。一个学期过去了，他的"友好信任值"高居班级优秀行列。

扬长教育，挖掘每个学生最好的一面，"以长促长，以长促全"，提振学生的自信心，促动学生全面发展。

引导意识

班主任对学生的引导包括两个方面：一是及时关注，二是正面引导。

优秀、负责的监督员，保障了班级的有效运行，但这不代表班主任可以撒手不管或不去关注班级。因为每一名学生都有获得被认同的期待：监督员期待自己认真工作被老师发现；表现好的学生希望老师能关注到他们的良好表现；表现不够好的学生也需要老师的关注，或是个别谈话，或是集体引导，予以纠偏。

当学生出现一些较大的错误行为（攻击同伴、扰乱课堂秩序等），且屡劝不改，班级管理体系不能正常运转时，班主任需要及时介入，对学生进行正面引导，以此帮助他们朝向更好的方向发展。班上一个插班生受到同寝室学生的排挤，L 老师利用每周一次"打友好分"的方式，慢慢拉高了他们的"友好分值"，引导插班生融入集体；班上两个学生因不懂礼让，斗嘴、吵架，L 老师引导他们在吵架前先缓 20 秒，再使用 180° 鞠躬的夸张方式道歉以化解问题。

当班里有学生违反常规时，监督员往往会不留情面地执行规定，而学生行为背后往往还有很多客观因素存在。此时学生所受的委屈，需要得到班主任的及时关注、理解等人文关怀。一次，班上的小宇因爸爸的车堵在路上迟到了，监督员理直气壮地执行规定，批评了小宇。小宇觉得非常委屈。L 老师给监督员以肯定，同时给了小宇一个大大的拥抱以示安慰和理解，并告诉小宇：这次迟到不是爸爸的错，有时发生意外是不可避免的。若想避免中途发生意外，可以提前出发，预留出充足的时间。听了 L 老师的话，小宇释怀了。

发展意识

班主任应当树立发展意识，着眼于学生的未来发展，关注学生的成长健康。一方面，依据学生个体的不同因材施教，搭建个性化成长的舞台，为个体发展提供锻炼机会；另一方面，为学生成长导航，为学生指点迷津，及时帮助学生走出困境，引导其形成正确的价值观，培养其优秀的品质，发展良好核心素养，引导每一个学生朝向美好生长。

在学生精力充沛、充满活力的阶段，通过活动课程，教师引领他们多多走进生活、贴近社会、参与实践、走近科学、领略文化，帮助他们开拓视野、增进才能，为未来奠基；在他们成长最容易迷茫和激进的阶段，通过班本（德育）课程的引领，引导他们看清自己、调整自我、看见美好、向往未来，带领他们走向健康，引领他们快乐成长。

因此，建设一套完善的、有趣的、具有教育性和发展性的综合实践活动及班本（德育）课程群，去适应每一个孩子的成长，显得非常必要。经过长期的实践，L 老师依据自己所带的班级及学校实际，梳理出以下四个方面的课程内容，见表1-8：

表1-8 课程具体安排

课程名称	意义	活动内容	建设说明
活动课程	激活学生生命动力	细化学校计划，规划班级活动，激活节日活动，开设拓展课程，鼓励学生自创小社团，开发创意活动内容。	班级需要积极承担学校活动，让学生为班级的荣誉拼搏、付出，为班级争光，提高集体荣誉感和凝聚力。鼓励学生自主发展、个性化发展，并充分利用极具意义的节日推进班本活动。

续 表

课程名称	意义	活动内容	建设说明
仪式课程	感受荣耀 凝聚士气	定期举行富有仪式感的活动，如一个月过一次集体生日，两个月举行一次表彰先进仪式，一个学期举行一次亲子活动等。	有仪式感的班级生活，是学生向往的。定期举行仪式活动，会让学生更期待，更爱班级；同时增进师生情、生生情，包括亲子情。
开学课程	调整自我 激励改变	根据学生年龄、假期及德育时代性特征，开展开学第一课："寻找潜能，激发能量""告别慵懒，重装出发""红色年味，中国之最""母校印迹，梦想起航"等。	开学第一课是唤醒学生、激励学生积极开启新学期的最佳时机。它的主要作用在于：纠正学生习惯、回顾假期所得，把具有时代教育意义的内容融入；利用开始阶段学生更容易接受教育的特性，把教育内涵刻在学生的脑海深处。
成长课程	契合成长 拨动心弦	为学生的每一个成长阶段解惑："悦纳自己，快乐成长""每日坚持，点点进步""心怀梦想，砥砺前行""生命旅程，不可删减"等。	构建较完备的成长引领课程，引导学生探寻未知领域；在学生遭遇困惑时，给学生以启迪，为学生解惑。成长课程，使教育与生活相通；通过创设各种情境，让学生在观察和经历中受到熏陶，学有所获，知而善行，幸福成长。

最好的常规管理，是寓于日常的良好习惯的培养。最好的教育，就是走在学生发展前面的教育；就是利用前瞻的发展性课程，引领学生去体验、去经历，提升学生能力，引领学生健康成长。

六大意识的建立，从目标拟定到常规管理，从干部建设到日常关注，再到前瞻引领，涉及班主任工作的各个方面，能够令班主任迅速带领班级走向稳定，卓有成效地打造优秀班集体，还能够带领学生成长的同时，成就卓越自我。

第二章

临界预防,消解问题于可能

消解负面情绪"六自"方法

负面情绪，源自学生日常交往和生活中的不顺畅，以及学习上面临的诸多挑战。若负面情绪长期积淀得不到消解，会极大影响着学生的健康生活和成长。辛弃疾曾作词："叹人生，不如意事，十常八九。"很多事情，亦不随自己的意志而转移，所以，教师引导学生学会调节自己的心态，释放负面情绪是关键。"自我麻木—自我满足—自我强化—自我宣泄—自我求助—自我反思"是消解负面情绪的"六自"方法。

自我麻木法，远离干扰

负面情绪产生的生理性，与引起负面情绪的情境是互相关联的，改变情境可以消除负面情绪。如转移到轻快、明亮的环境中，以舒缓、柔和的视听触动感观，或以更适合、喜欢的味道摄入，直接的感觉输入可以有效地自发调节情绪并引导自我麻木，远离负面情绪的干扰。

远离干扰源的自我麻木法，是消除负面情绪最简单且较为有效的方法。当你对某个人、某个场景感到沮丧或是愤怒时，只要你赶快离开，负面情绪一般就会消失大半。当学生有负面情绪时，有经验的老师会带着学生去操场，一边走一边聊。大多数老师带着学生回来时，学生的负面情绪基本已经消除了。初中生小Q一次因成绩不理想而被妈妈批评。为了不跟妈妈起冲突，小Q把自己关在房间里看书、听音乐。爸爸叫他吃晚饭时，面对一桌子好菜，小Q对妈妈的厨艺送上了赞美，妈妈开心地笑了。高中生小 X 在寝室跟室友经常闹矛盾，睡眠不好，成绩下降得厉害。后来，在老师的协调下，闹矛盾的一方回家住，远离了干扰，两人很长一段时间内相安无事。

有了负面情绪，身边若缺少可以倾诉的对象，学生可以采用以下消除负面情绪的方法：去一个自己向往的地方（操场一角、图书馆等安全的地方），给自己的心情放个假，让自己不被任何嘈杂的事干扰；看一场自己喜欢的喜剧电影或一则欢乐视频，让欢笑带走自己的悲伤；听一场自己喜爱的音乐剧或听一听自己喜欢的歌曲，让自己沉浸在视听观感中，慢慢放松；选择一本能让自己沉浸其中的书，把自己融入到某种情节中，去感受精彩、体会思想；选择去旅游，去空旷的原野给自己的心灵放一次假，去刺激的游乐场尽情释放，去喧闹的商场购买心仪物品，用短暂的麻木来忘却负面情绪。

自我麻木法，即远离干扰源法，这种方法集自我命令、环境调节、自我舒缓、自我提醒、自我暗示、自我鼓励、自我控制甚至自我催眠于一体，在人的大脑出现负面信息、心中涌起负面情绪时，花费一些时间去做一件有趣或是有意义的事情，通过完成这些事来帮助自己调节情绪，有效远离负面情绪干扰。

自我满足法，情绪转移

当远离干扰源后，若情绪尚无法平息，我们就需要把负面情绪进行转移。出于某些原因无法直接向引起负面情绪的对象发泄时，此时我们需要将这种情绪转移到另一个媒介上，从而化解心理焦虑，缓解心理压力，这是人们常用的心理防卫机制。

负面情绪和细菌、病毒一样具有很强的传染性，且传染速度也非常快。加利·斯梅尔的心理学实验证明：20 分钟之内，不良情绪就会在不知不觉中传染给别人。作为教育者，引导学生把负面情绪进行转移，可以尝试这样几种方式：

一是物品治愈法。吃东西、购物等，永远是最治愈的。一些女生在情绪不好时狂吃东西、狂购物就是一种情绪转移。曾有一位寄宿的低年级学生，晚上想念妈妈，老师带他看看动画片，吃点儿零食，小朋友的思念就被转移了，累了就睡着了，之后就忘记想妈妈这件事了。

二是"寻弱比较"法。经常有孩子在学业不理想受到父母批评时，他总喜欢拿出一个比他更弱的孩子作为比较对象，从而来搪塞自己的"过失"。撇开努力与上进的态度，从情绪的转移角度，这不失为一个较好的方法，有时甚至要鼓励学生用"寻弱比较"来转移自己的情绪。

三是自我安慰法。学生遇到考试失败或被人冤枉，可以用良好的心理暗示，如"我可以的""我没事""我会被理解"等，伴随自然的表情和姿势，来增加自我愉悦的体验。

四是精神胜利法。"这有什么了不起，我也行"，当你的学生说这话的时候，请不要嘲笑他，他以这种阿Q式的精神胜利法在转移自己的情绪。遇到这样的孩子，你可以"那你具体是怎么做的呢"来引导学生真正实现负面情绪转移。

自我满足法，即用物品满足或激励语慰藉心理层面的需求，以一种媒介进行负面情绪转移。这种方式可稀释自己的负面情绪，舒展心胸，释放压抑情绪。

自我强化法，运动缓解

自我强化法，即强化生理机能，采用运动的方式从源头上让情绪消失。行为主义治疗常用放松训练，如做一组简单的锻炼，下楼溜达一下，去操场上跑一圈，实质上都属于强化生理性的一种情绪调节法。

运动，不仅是机体上的强化，更是心理上的强化。运动能分散注意力，让自己的负面情绪得以缓解、消除，不断地运动能强化自己的意志力。不同的运动方式可以缓解不同的负面情绪。学生L出现学习上的焦虑，一到考试就出现心慌、出汗、心跳加速等，伴有神经功能紊乱。在老师的帮助下，L选择每天慢跑两圈、做一做体操、周末去游泳等，让自己身心舒缓、放松，后来其学习焦虑得到了明显缓解。学生W伴有经常性的愤怒情绪，老师安排小W去参与网球、羽毛球、乒乓球等具有发泄性和消耗性的体育运动，快速消耗和发泄，让W的愤怒情绪迅速消除。学生H较为胆小，遇事惊慌，老师安排他在激烈运动中接受考验，淬炼自我。H参与的运动是足球、篮球和排球等大球项目。为应对场上多变的情况，H只有冷静沉着地应对，才能取得优势。经过一年多的训练，H遇事紧张的症状得到缓解，不再惊慌失措，学习上也进步不小。若学生有抑郁行为，则不宜选择过于复杂的运动项目，不然会使抑郁者感到难以进入状态从而更加悲观自责；最好选择简单、易于操作的如快速跑、登山等有一定强度的运动，有利于帮助学生转移注意力，远离抑郁的困扰。

运动，是自我强化的最佳方式。研究表明，人的运动量超过某一程度时，体内便会分泌内啡肽，它能让人欢快，能进一步增强人的心理承受力，从而起到强体健心的作用。

自我宣泄法，情绪释放

自我情绪宣泄，是把积淀的情绪发泄出来，以达到缓解和消除学生消极情绪的目的。宣泄法不仅对神经症、心因性精神障碍、情绪反应等疾病有较好的疗效，而且对心身性疾病和身体健康都有很大的好处。

生活中，有很多"不解"的现象，可以从情绪角度解释。我们常说，"好孩子"的性格好，受到刺激会容易走极端，而"坏孩子"坏事一大箩，却大大咧咧，抗压能力超强。从情绪释放角度分析，"好孩子"规规矩矩，很多情绪需要压抑着，什么事都得记在心里，久了会导致抑郁，严重了还会走极端。而"坏孩子"遇到不顺心、不如意的事情时会随时释放情绪，释放过了就忘了，利于解压及舒缓心中的积郁。

随着现代心理学的发展，情绪宣泄也衍生出很多策略：角色变换的空椅子技术，引导大哭一场或大骂一次的情感暴发宣泄，有刺激内啡肽释放的冥想，更有到心理宣泄室进行暴力释放等。小 D 跟同学闹不愉快时，就会咬自己，于是她的手臂上留下了一些疤痕，小 D 的爸妈怎么劝说都没有用。小 D 长大后并没有改善，时常会躲在房间里偷偷咬自己。一次放学回家，妈妈发现小 D 不开心，她在准备回房间时被电视里的恐怖片吸引了，看完电视，被吓得颤颤发抖的小 D，跟妈妈交流起了剧情和心得。那一次，她没有回房间偷偷咬自己，原因是她在不知不觉中实现了"良性自虐"的自我宣泄。所谓良性自虐，是做一些让身体"感受到威胁"的事，如吃非常辣的食品、洗个非常烫的热水澡、看恐怖片或悲剧片、玩密室逃脱等，在不断的"自虐"过程中，感观非常"痛苦"，但大脑知道正在经历的事情没有真正的危险。这种"思想高于身体"的感觉，会让人感受到愉悦，从而快速消除负面情绪。

自我宣泄法，是勾连了痛苦与快乐之间的逆向联系，用痛苦来刺激人体释放"快乐素"，并快速驱除"负元素"，让负面情绪宣泄，从而达到心态平和。

自我求助法，社交慰藉

大部分负面情绪积淀的源头来自孤单感和无助感，因孤立无援而悲从中来，好友、家人的支持和鼓励会避免个体陷入"内卷化"，使其能重新从过于自我的世界中剥离出来，真切地感受到接纳与爱。

所谓"多求者，多助"，求助"心理热线"、投递"心灵信箱"等，亦能缓解、释放自己的负面情绪。找一个倾诉的对象，会让负面情绪得以快速释放。出身独生子女家庭的学生，由于缺乏兄弟姐妹的陪伴，缺失经常性的拌嘴、争吵、交流、交心的机会，他们中的大多数在遇到困难时，会把事情窝在心里，纠结、烦恼，陷入内耗而不能释怀。

学生小 A 是个怪脾气的男孩，一不顺心就生闷气，有时会好几天，甚至几周对别人不理不睬，以至于同学都不愿意跟他同桌。贪吃的插班生小 N 出现后改变了小 A，刚刚插班的他理所当然地成了小 A 的同桌。小 N 有一个偷吃"辣条"的坏习惯,为了让小A帮忙隐瞒,常常拉小A到操场、走廊尽头等较为隐蔽的地方去吃辣条。小A为了回请他,也给小N带来了辣条。没想到这个行为不仅拉近了小N与小A的距离,让小A学会了跟同学交流;辣条的刺激更让小A的闷气不在。其实,小A在不知不觉中获得了两条宣泄途径:一是社交慰藉助力情绪释放;二是吃辣条的"良性自虐"。良好的交往,为学生提供了把心中不解和感受得以释放的途径。积压久了的不平或不快会让性格更偏激,会让人"变形"。说出来,释放情绪后,也就放下了。

最能缓解负面情绪的是"助人+自助"式交往,把自己的情绪或是不满,向对方倾诉,去获得理解和共鸣,不仅实现了情绪上的释放,还获得了精神上的支持和心灵上的慰藉。

自我反思法,正视情绪

情绪ABC理论的创始人埃利斯认为,人的情绪不是由某一事件本身所引起,而是由经历了这一事件的人对这一事件的解释和评价所引起的。这说明改变认知,实现自我反思,是消除情绪的关键。

引导学生反思自我行为,积极地去改变认知,是消解情绪的重要路径。日常教育过程中,老师或妈妈说批评孩子是为孩子好,这本是一个"真理",可为什么大多孩子都不能接受?那是因为孩子不能接受这种批评方式,认知上的不认同,伴随相反的行为反应。引导孩子学会自我反思,让孩子知道老师或妈妈为什么生气,从而明白是自己做得不好;若老师或妈妈不批评,不制止自己继续犯错,那么错误就会更大,从而影响自己成长。那么,批评是有意义的,是为"我"好,改变认知之后,孩子就会改变心态。

情绪,因人的个性、认识、环境甚至想法的不同而改变。正视情绪,引导学生学会向好处想:一是困难或责难也许是好事,利于自己成长;二是回想前一次遭遇的困难,好像也没有什么,说明一切都会过去;三是明确自己的定位。既然自己有更高的目标和追求，就不能拘泥于当下的小事，感恩一切拥有。学会宽心，遇事先往好处想，往好处做，会越做越好。反之，则会越做越糟糕。

在生活和学习中，引导学生学会掌控自己，不被不合理信念吞噬，在情绪爆发前，适当给自己预留反思时间，避免因为情绪问题错失好的心情，影响自己健康成长。

情绪对人的生活、工作、学习和健康有很大的影响。负面情绪所产生的焦虑、紧张、愤怒、沮丧、悲伤、痛苦等会让我们的机体负荷增加，造成伤害。"六自"方法提供了消解负面情绪的路径，让学生始终保持积极向上、乐观的心境，提高学生的活动效率，增强学生的信心，使学生对未来充满希望，健康成长。

助力走出困境"六种"游戏

学生因性格及其他特殊原因,困于问题中而不能释怀,需要教育者引导释放。出于语言组织、个体因素及思维方式等原因,他们往往不能够直抒胸臆而让教育者陷入引导困境。"玩偶选摆—沙盘游戏—故事叙述—心理绘画—角色扮演—顺势挑拨"等六种游戏,能助力学生清晰表达,助力教育者明了问题症结,引导学生走出困境。

玩偶选摆,感知深处困境

玩偶以其具体、形象的符号来代表不同的人及其关系,能让摆放者依据自己的心境,创造一个与其内在想法和感觉相符的世界,助力教师解读学生无法表达的内心世界,感知他们的困惑。

玩偶选摆,为摆放的学生提供了一个表达自己想法和感受的出口。李莉老师以不同服饰及可以摆动手脚的不同大小的玩偶来代表男女老少各式个体。通过让学生摆放玩偶,形成一种关系场景,呈现学生"此刻状态"或"身处环境";让见证"此刻场景"者更清晰、更直观地去感知或触及学生的内心困惑,明了问题症结,便于指导和引领。陈老师反馈,班上的女生小 Y,上课时眼睛从不看老师,交作业随心所欲,跟她沟通不理不睬,表扬她无动于衷。虽然没看到小 Y 有什么过激的行为表现,但由于未能解读到小 Y 的内心世界,陈老师表示自己感觉很不好。为了解读小 Y 的内心想法,在交流无果后,我们让小 Y 摆放一个玩偶场景,呈现如下:一个小女孩躺在地上,手指向一个年轻女人,周边围着一群人,面朝年轻女人。解读这个场景后,我们也着实吓了一跳:小Y为了让大家都去指责年轻女人,甘愿什么都不顾地去做一切,包括从高处摔下。为了消除小Y内心的"危险想法",学校心理专业团队为小Y展望了"危险行为",并与她妈妈做了深度沟通。之后,让小Y看到这样做并不能解决问题,只能给自己、家人甚至老师带去更多的痛苦。之后,引领小Y跟陈老师进行沟通,达成了和解。在后续的摆放玩偶游戏中,"小女孩"和"年轻女人"手拉手的和谐场景出现了。

玩偶摆放,有效呈现了语言所不能表达的信息。让学生透过玩偶摆放出特定时期的心理关系场景,潜意识地呈现内在想象和即时的内心动态,便于教育者找出深层心理逻辑、明晰内心的纠结,便于针对性解决问题。

沙盘游戏,解读内心世界

玩,是人的天性。不管是孩子还是成人,合适的游戏都能使人充分表露个人情感。当学生陷入某种困境,不愿意与人沟通,或不愿表露自己内心世界的时候,教育者可利用沙盘游戏窥见他们的真实世界,读懂他们的想法,理解他们,并引领和帮助他们走向快乐。

沙盘游戏包含了三个关键词:"沙""盘"和"游戏"。首先,沙的柔软和纯净,会让人产生天然的亲近感,年龄越低的学生越喜欢沙子;其次,盘是可操作的固定场所,又是一个具有想象空间的地方;再次,游戏的随意性,能让孩子随意拨弄,肆意发挥,充分表达此时内心的想法。小E是单亲家庭的孩子,跟着爸爸生活,由奶奶照顾。她性格孤僻,常歇斯底里地发脾气,却又不肯说发生了什么。一次体育课上,她又无故发脾气。为了让她冷静,体育老师把她带到沙坑旁,就没有理她了。她生了一会儿闷气之后,玩起了雨后的湿沙。她高高矮矮堆了三个"人",反复地把其中一个推倒又堆起来……显然这个孩子是思念某个人,却又见不到,心里很矛盾。在跟小E爸爸取得联系之后,老师让她和妈妈通了电话,小E一阵大哭后又不断地笑着。自这次事件之后，老师在小 E 不开心的时候会经常带她玩玩沙坑，爸爸开始尝试让小 E 在心情特别不好的时候跟妈妈通电话。后来，小 E 无故发脾气的现象慢慢好转。

  沙盘游戏为学生提供了一个"肆意发挥"的空间。在这里，学生通过象征、隐喻的形式再现出与创伤经历相关的情景，表达自我、宣泄复杂情感。沙盘游戏亦可以帮助教育者去解读学生的内心世界，去发现学生的问题，从而寻得解决方案，助力他们走向快乐。

故事叙述，捕捉心灵线索

  故事，是生活的反映。以叙事的方式呈现某一段成功的、失败的，或是喜悦的、悲伤的经历，便于教师捕捉学生故事中遗漏或缺憾的线索和片段，通过假设补充或重构故事的方式，唤起学生去洞察并反思，找回自信心和力量，引导学生走出困境。

  叙述自己的经历及有关的内容，最能让学生滔滔不绝，比如遭遇什么委屈，经历怎样的体验，有哪些最切身的感受等。引导者若善于从学生叙述的某个片段启发其重构整个故事，捕捉故事情境，便能最终唤起学生的深刻感受，触动学生心灵。小 U 在日记中表示，老师总是在上课时用眼睛"白"她，自己一个月来饱受煎熬。我们试图与小 U 就此事沟通时，小 U 或摇头，或沉默不语。后来，我们尝试让小 U 谈谈自己，说说这段时间以来高兴的或烦恼的事。小 U 慢慢打开了话匣子，她聊到了妈妈提醒过她的事。妈妈说老师曾说她上课不认真、不举手、不积极投入；妈妈还说若一直这样，老师会不喜欢她的。我们问她：是不是后来课堂上举手了，可老师还是没让她回答呢？她说是的。应该说，这是问题的症结点，是小 U 认为老师觉得她上课不认真，可她举手了，努力想证明自己，却被老师忽视，认为老师有偏见。我们引导她：若你在上课时一直举手，老师会不会一直不理睬你呢？小 U 错愕了一下，突然意识到了什么，表示自己可以试试这么做。一周之后，我们再回访时，小 U 表示最近老师们都表扬她上课认真。

故事叙述，教师要善于以"问题外化"的方式把问题和人分开，启迪学生在"理所当然"的事件中看到另一种可能，引导学生寻找经历中积极的一面，唤醒其改变自我的内在能量。随后，教师要鼓励学生将焦点放在自己不断付出努力的事情上，唤回学生的自信心和勇气，引导学生走出困境。

心理绘画，透视思绪图谱

心理绘画，是让学生以绘画的方式，利用非言语工具，便捷地传达自己潜意识内压抑的感情与冲突。绘画的方式能让学生投射其想法、情绪、人际关系，这个过程也能让情绪受困的学生充分表达感受，获得纾解与满足；利于教师正确解读学生心理动机并跟进辅导，以便最终解决问题。

绘画，是一种较好的表达媒介。人的表达能力，决定其沟通的流畅度。有的学生不善于表达，心中的情绪和想法不能充分表露，若压抑太久，达到临界，就会有激烈的爆发，这会伤害到自己及周边的人。而绘画，提供了一种非语言方式的表达，如心理绘画，能把自己的即时状态表达；肆意涂鸦，能让学生把表达不了的情绪或事件，以图的方式呈现或发泄。

二年级女孩小 M，原是一个活泼的孩子，最近动不动就哭，情绪低落。因孩子不能很好地表达，我们就让小 M 把家里的情况画在纸上。在小 M 的画中，小 M 把爸爸画在了最下面，把爷爷、奶奶、哥哥、伯伯、妈妈画在了靠上的地方，把自己画在了爸爸的旁边。为了能清晰地读懂小 M 所表达的内容，我们提醒小 M 给家人再画一件经常使用的东西。她给爷爷和奶奶画了药丸，给伯伯画了钱，给哥哥画了电脑，给妈妈画了手机，给爸爸额头和自己眼角各画了两滴水。从画中，我们可以解读出：爷爷、奶奶需要吃药，伯伯总要钱，哥哥、妈妈玩电脑和手机，爸爸撑起了整个家，他额头上的两滴汗水，代表他很辛苦，而小女孩的两滴泪水应该表达了她的无奈和忧虑。跟小 M 的父母沟通后，他们承认了现状，坦言需要立即做出改变，尽量不要把压力转嫁给小 M。

心理绘画，勾画了学生内心世界的图谱，便于教师解读学生的关系现状，洞察困境，以做适切的引导。很多学校设立涂鸦坊、涂鸦墙，为学生提供了肆意涂鸦、宣泄情绪的途径。

角色扮演，反馈意识本能

角色扮演，目的在于运用戏剧表演的方法，促进学生去发现问题，了解问题的症结所在，进而更好地调整心理状态，解决心理问题。在角色扮演中，一个人可以亲身体验和实践他人的角色，从而更好地理解他人的处境，体验他人在不同情况下的内心情感；亦可以扮演自己，表露出个体深藏于内心的感情。

人在生活中扮演着不同角色，这造就了人在不同场合会呈现出不同的一面。这种多面性，会使人承受巨大的压力。若合理处之，也相安无事；一旦把自己隐藏的一面暴露，会导致自我形象坍塌，最后使自己成为众矢之的而面临巨大的交往压力。学生亦如此，有的学生在校乖巧、斯文，在家却变得无法无天；有的学生在家人、老师和同学面前温顺和善，背地里却常常用自残的方式来伤害自己。学生如此性格，大多是在成长过程中，家庭教育异常宠溺或过于严苛造成的。多重性格的人，往往不能正常地表现自己真实的一面，不善于表露自己的心声，当遭遇挫折时，往往会不知所措而走极端。

小 F 在遭遇家人或同学批评、责难时，就会用刀来割自己的手腕，每次在父母反复劝导，并做出"下次不会"的保证之后，继续故伎重施。为了让她体会到家人的感受，在一次表演中我们让她扮演痛失爱子的母亲角色。看到"孩子"受到病魔的折磨，她痛哭不已。之后，我们引领小 F 扮演自己母亲的角色，就小 F 的割手腕行为跟"小 F"自己进行一次沟通。小 F 再次深刻体会到母亲的内心感受。自那之后，她在难受时，不再割自己的手腕,接受了我们之前一直建议她使用的方式,控制不了时就用割破笔记本的方式来释放自己的情绪。

角色扮演,是对选定特定问题情境进行描述的一种传达方式,让学生在事先经过设计的情境中,自然地扮演某个角色。通过模拟角色的心路历程,引发学生与自我进行心灵对话,从而在反馈自我意识本能中,达成自己与自我内心的共识,在理解中改变自己,走出迷局。

顺势挑拨,挖掘情感本真

顺势挑拨,是在谈话过程中顺着讲述者的言语方向,进行顺势强化的挑拨,从而引起讲述者的自我否定,从而达到逆向引导的效果。如同"好呀……干脆……"极限式的心理谈话游戏,很多讲述者表面上对某人或某事抱有不满,事实上,并无严重化责难的想法,只是寻求一种理解或者发泄,若倾听者予以顺势挑拨,反而会达到一种逆向自我否定的效果。

学生在日常相处中,因个性差异、喜好不同,会因一些相互不认同的观念,造成误会,引发个人负面情绪问题。这种情绪会因自我认同层面强烈而归罪于对方,总认为是对方的错才造成的,若得不到及时疏导,会让矛盾深化,最后成为不可调节的僵局,严重的会造成学生个体社交障碍。有学生会因深埋在心中的"都是别人的错""没有人可以成为我的朋友""我总是求助无门",来进行自我否定,并在内耗中不断消沉。教育者需要挖掘深层情感,唤醒他们走出自我,摆脱"自我内耗"的困局。

小 K 的口头禅是"是他先惹我的""我不要理他",与同学有点儿小摩擦,就会摆出一副得理不饶人的"斗鸡"姿态。一次,他又跟同桌闹矛盾。只见小 K 嘴上念念有词,紧握拳头并不断挥舞着。我问他怎么了,他不停地重复,说是同桌先在背后说他坏话,他才生气的。我问他:"你有多生气?"他说:"很生气,很生气,只想冲上去揍同桌一顿。"我说:"好呀,这种情况换成谁都会生气,看来揍一顿是不够了,干脆揍十顿,不满十顿不能停下来,揍到头破血流,你看行吧?"小 K 明显愣了一下,说:"揍到头破血流要负责任的。"我说:"那怎么办?不揍十顿,揍一顿也会头破血流呀!"小K又愣了一下,说:"那就狠狠骂一顿。"我说:"好,你可以开始骂了,我让你同桌来听听,可以吗?"小K急忙说:"算了算了,这次就算了。"

顺势挑拨,在于揭露其"口是心非"的深层情感本真,抓住人的"偏不"心理,以更严重化的方式进行挑拨,启迪学生"看见"真这么做的严重后果,挖掘学生内心深处的敬畏感和善良动因,启迪学生明事理。

压抑、否定所造成的恐惧、害怕,会给人带去"怀疑一切"的可怕经验。当一而再、再而三地怀疑、压抑和容忍,内心积压许多而无法表达时,愤怒或不满的情绪,到了最后忍无可忍时会激烈爆发。"六种"游戏,助力学生寻得合适的发泄口,帮助他们释怀心中积郁,走出困境。

消融负面影响"六面"隔断

同伴影响力,即同伴效应。因生生的密切交往,认知水平更接近,行为、语言等会相互影响。同伴间的负面影响力强于师长的正面引导力,教育者的谆谆教导,往往抵不过同伴的反向行为示范或同伴压力。负面影响力与问题消解难度成正比,"有效管理—群体榜样—重塑认知—个性培育—学会拒绝—远离干扰"六个方面的措施,能有效地隔断同伴间的负面影响,避免问题扩大化。

有效管理,隔断纪律淡化

生生之间的负面影响,一个重要的因素是集体纪律淡化。因集体纪律淡化,学生无敬畏感,人人扯皮、相互埋怨,以致人心涣散,一起沉沦。隔断同伴间的消极语言、不良行为模仿和影响的关键,是集体纪律的有效管理,要点是:抓早抓小、防微杜渐;措施是:有效监督、有效评价。

有效监督,是有效管理的重要保障。管理的理想状态是,学生明白遵守纪律的意义,懂得约束自己的重要性,可大多数学生就是管不好自己,会随大流。隔绝学生群体纪律淡化的重要措施是建立有效监督,发挥教师、班干部和同伴"三位一体"的监督作用。第一,教师的教育意识及管理监督能力,是班级纪律的重要保障,需要树立"自己课堂自己管"及学生课堂纪律"防微杜渐"意识,要充分运用提醒、适度批评、正向表扬和课后谈话等方式进行有效管理,向学生传递清晰的纪律观念及高要求的风格，让学生适应并达成共识，杜绝学生在课堂上纪律不良等问题的发生。第二，班干部群体则是班级纪律管理的核心要素，需要发挥榜样作用，要善于主动管理和随时管理。班主任对班干部要善于"爱护＋放权＋支持＋严管"，悉心培养，多交流、多提醒，勤于思想引领、交流，重视威信树立，发挥他们的核心作用。第三，同伴则是纪律的直接影响人，是私下纪律监督的重要他人，运用小组"捆绑制"把个体纳入小组，发挥同桌、前后桌的监督作用，坚持做到发现苗头性、倾向性问题就及时评价引领，经常敲响思想警钟，促使同伴监督正常化、常态化，有效预防纪律淡化，隔断行为问题的负面影响。

有效管理，不仅要发挥三大群体的有效监督，更要善于利用日常的表现性评价，把纪律纳入综合评价，提升监督的有效性，要让"想犯错""犯小错"的学生能够及时"悬崖勒马"，将学生可能的负面影响扼杀在萌芽阶段，整体推进和谐集体创设，促进育人环境优化。

群体榜样，隔断不良模仿

榜样的激励力量是无穷的，尤其是对榜样自身的激励，更是正面和积极的。但老师树立的榜样学生，往往会因同学间无秘密、"片面"认识或妒忌等心态，陷入榜样人物缺点多于优点的困境，导致榜样教育有点儿一厢情愿。因此，树立榜样的较好途径，是挖掘小群体的核心特长，以群体榜样来引领。

班级大群体中，会有这么一部分学生因爱好、价值观及习性相投等形成学生小群体，他们相互依存，相互影响。若在一个小群体中，树立成员中普遍存在的某些优秀特质，能更容易被小群体成员接受，从而自然地引导、激励、督促这个小群体向良好方向发展。

小P、小H、小W和小D，因共同爱好足球结缘，他们一起踢球、聊球，成了好朋友。小W经常控制不了骂脏话，不怎么遵守课堂纪律，上课时经常会被任课老师点名，他也不在意自己的常规量分。不知道是为了撑朋友的场，还是受其行为影响，小 H 会时不时在小 W 被批评时故意咳嗽，对任课老师的提醒也毫不在意，小 D 也慢慢开始说粗话、脏话。班主任找四个人聊天，指出了他们做得不对的地方，可发现他们表现得并不在意。为了改变他们的行为，班主任要求他们相互学习各自的优点，小 P 的良好行为和友善态度，小 H 的乐于助人，小 W 的豁达，小 D 的热爱学习等，要求他们四个人相互成为榜样，集体在同学面前表现出这四个优点，并形成共识。就这样，他们在"不辱期待"的内部需要和"另眼相看"的外部环境相互作用下，互相督促，携手进步。

群体榜样，善于挖掘小群体中个体优点为榜样，引导他们在完成共同使命的内部心理力场和外部期待力场中形成群体动力，促进群体内各成员的心理、行为向健康的方向发展，隔断同伴间的不良模仿，达到小群体的整体推进，进而影响大群体。

重塑认知，隔断思想随意化

学生的道德认知判断水平尚处在较低的发展阶段，往往容易被事物的假象蒙蔽，在没有教育者督促和监控时，若加上同伴的暗示和影响，无法理智地用已有的道德认识和观念来指导、调控自己的道德行为，往往会因思想随意化导致草率地做出决定、贸然行动等行为偏差现象。

学生的意志品质尚处于发展期，个体的道德认识会在特定情境下隐匿或发生变化，有时会受同伴影响而"分不清是非"，常不能坚定地排除诱因干扰影响。这个时段的认知教育，切忌模棱两可，需要教育者非常清晰地向学生传递正确的是非观念。小 N 会经常拿同学的东西，拿了会不承认。小 Q 觉得小 N 可以拿他的，自己不在意，所以也觉得拿同学的东西无所谓，认为只是"拿"而已，被发现"归还就是了"。老师发现这种情况后，做了很多教育工作，发现小 Q 似乎有些改变，小 N 却依然如故，我行我素。渐渐地，小 Q 又故态复萌。在反复提醒教育收效甚微的情况下，老师要求家长配合并介入实施适当惩罚，若他们再次随意"拿"同学东西，家长就取消之前答应过的奖励。之后，小 Q 感觉到随意"拿"是不当行为，而且不能获得家里的奖励，就改变了自己的行为。可小 N 因之前的"惯性"，还是会"拿"喜欢的或自己没有的东西。虽然小 N 认知上有所提升，由于行为上还不能克制，老师提议家庭配合介入惩戒教育，如严厉批评、及时惩罚等。之后，小 N 也逐渐学会了自我克制。

认知的重塑，除了通过教育上的持续跟进来阻止思想随意化之外，更需要在行为上进行克制训练。意志品质提升和抗诱惑力的训练，往往是一个思想与行为统一的过程，当诱惑力大于克制力时，甚至还有同伴影响的情况下，就需要外界的教育力量甚至惩戒力量来阻止。因此，没有合适的惩戒介入，教育有时会显得非常无力。

个性培育，隔断从众心理

从众心理，会导致学生在同伴压力下盲从。由于学生对同伴友谊的重视和渴望，造成屈服于同伴压力，这种"服从"将致使他们自我道德评价水平降低，责任感削弱。一旦个别学生做出违反纪律等问题行为，部分学生"虽能明辨是非，却克制不了自己"的随波逐流现象，最后会演变成群体的屈从、附和。

同伴压力，是因从众心理而发生问题行为的因素之一。因屈服于这种压力会给学生自身带来不良后果，更容易对抗父母，为了面子、义气，帮助同伴打架斗殴、欺凌弱小，甚至一起偷窃等。学会吸烟，是同伴压力下从众心理的一种典型现象。其实学生懂得吸烟有害健康，还会遭到父母、老师的反对和批评，但"同伴可以，我也可以"的从众心理，加上不妨试一下的心态，会让学生开始尝试，以致吸烟成瘾。青少年学生抵抗诱惑、理性驾驭自己行为的能力还很欠缺，容易受同伴的暗示和左右。在他们无法坚持用正确的行为准则来约束自己的情况下，教育者要善于帮助他们建立自信，提高自我认同感，从而学会用自身的意志力来减弱来自同伴的压力。

小L的妈妈会经常性地告诉小L，要明确自己的优点，时刻提醒自己"是一个有思想的人，不能成为他人意志的奴隶"，因此小L非常独立，同学的不良言行很难左右他。从教育的角度，老师也需要经常对学生渗透自主思想，鼓励学生有自己的独立个性，建立自己的行为准则，提升自我评价能力，学会遇事要独立判断，做明智选择。班级实践管理中，班主任要善于创造学生能自主参与的机会，如"我为班级做点事"的参与管理；"班级活动，我做主"的自主策划；"这件事，我这么想"的自由思辨；"优秀，我来选"的自主判断；"我虽不满，但尊重"的自我磨炼；"原因，我来解释"的自我申辩；"我不认同"的自主选择等。

同伴压力，会极大影响学生的独立判断，从众心理容易让学生随波逐流，出现问题而不知回头。加强个性培育，树立正确的自我评价力，促进学生形成自立、自强的个性，学会兼顾团体生活和独立个性发展的技巧，促使他们隔断盲目从众的心理，远离同伴压力带来的问题困扰。

学会拒绝，隔断委曲求全

不会拒绝的现象，在学生中普遍存在。许多学生以为说"不"会损害同伴间的感情，因此屈从于同伴压力而不敢说出自己真实的想法。这样的妥协并没有换来更好的人际关系，反而是同伴的变本加厉和自己的委曲求全。若同伴出现挑战自己底线和原则的行为，学生则会陷入无穷无尽的痛苦中，并出现逃离甚至自残的现象。

学会拒绝非合理性要求的技巧，非常必要，因为"点头"总是要比"摇头"更容易，妥协比坚持容易，说"是"要比说"不"容易。中华文化的人情世故，内敛个性及含蓄表达，自然深刻影响生生之间的交往。很多学生宁愿违背自身意愿也要应和同伴，不懂得拒绝别人提出的过分要求。因此，家长应当重视孩子的日常同伴交往中的表达，鼓励孩子凡事要尊重自己内心的意愿，学会正确表达自己的感受，在尊重同伴的基础上，学会委婉表达或者找借口拒绝。还是以抽烟为例，如果同伴把烟递给你，你可以说：“不知怎么回事，我闻到烟味就会非常难受。”或者用家人当挡箭牌："打死我都不敢抽烟，我妈妈鼻子特别灵。上次我爸爸朋友来家里抽烟，都被我妈赶出家门了。我若回家被妈妈闻到烟味儿，非把我赶出家门不可。"教育者亦要引导好学生同伴交往的技巧和策略，通过开展"同伴交往，我能行""我们需要'制止与拒绝'"的班会活动，就"如何拒绝不合理要求"进行师生私下沟通等，让学生明白同伴关系是建立在平等基础上的，靠委曲求全、妥协和让步维持的关系，是换不到想要的幸福的。

学会拒绝，学会拒绝同伴的不合理要求，拒绝诱惑，拒绝被他人霸凌，拒绝委曲求全，亦是学生真正获得成长的开始。当然，要学会拒绝的艺术，拒绝时不妨向对方表露自己的友善，保持尊重，让对方乐于被拒绝，让自己获得融洽同伴关系的同时，隔断同伴带给自己的负面影响。

远离干扰，隔断负面影响

教育环境，是影响学生行为的重要因素，学生的成长和发展会受到几维空间和多元环境系统的制约和调控。但最直接的两个影响因素是人和物：人的思想和行为会相互影响、相互干扰；物，同样会因其本身的功能和吸引力，而成为一种影响或诱惑。

造成负面影响的干扰源，往往就是人和物。同伴干扰，是学习过程中常见的影响。同桌不遵守纪律、消极应对作业、不讲卫生、不文明等消极行为，会时刻影响着同伴。小T会在上课时不由自主地摆动双手，同桌小G深受影响，学习状态不佳。换一个专注度高不受小T影响的同桌是最好的办法，可谁愿意来呢？经小T和父母同意之后，班里开始评比"最佳自控者"，评比要求就是4周内跟小T同桌而不受影响。经过一个学期的挑战，小V、小O和小S分别成功当选，而小T在同桌的帮助下，也有意识地改变自己，慢慢有了进步。学生对物品迷恋所造成的问题，在隔断影响时，需要进行自我释放和自我调节的引导。小A在开学之后依然沉迷于手机而不返校，父母打骂均无效。经过分析，我们采取以下措施：首先，父母改变沟通态度，试着从孩子的角度去思考，教会孩子学会自我洞悉因果；其次，隔断不返校的消极因素，如进行手机控制或网络控制等；最后，老师和这位同学电话沟通，营造师生、生生关系和谐，创设让学生去阅读、运动、娱乐、展示自我的机会，利用转移的方式来进行调节自我，学会自我释压。三个措施，改变了亲子沟通关系，隔断了手机迷恋，释放了情绪，小A逐渐学会了自制。

远离干扰源，是隔断人或物带给学生负面、消极影响的重要措施。远离情境环境，消除了积压在学生身上的某种精神压力，一定程度上改变了学生的自我认知，给予了学生积极的心理暗示，调节了学生的心态，隔断了负面影响。

同伴压力及影响力，会削弱学生的意志力，致使同伴滋生"你能，我也能"的跟随心态。负面语言和行为因其"低俗性"更容易被影响或模仿。"六面"隔断，能及时从源头抓起，捕捉最佳教育契机，消融同伴带来的负面影响，助力学生健康成长。

常规问题应对"六他"流程

因个性习惯、认识不足、不恰当需求或同伴影响等引发的一般行为问题，若不及时规范引导，学生就会在负强化中不断巩固或升级，逐渐形成若干坏习惯。这些偶发性、盲目性、易变性的常规问题，需要教育者及时跟进。"讲给他听—做给他看—让他试做—帮他确认—给他表扬—让他坚持"的即时规行"六他"流程，能引导学生自我反思，深刻醒悟，从形成良好行为及正向激励中改变自己。

讲给他听，促进明理

学生在犯错误的时候，教育者通常就会"讲"，期待以透彻分析的方式，启迪被教育者从另一个角度认识到自身行为的问题所在，起到醍醐灌顶的作用，从而进行自身行为的修正。因此，"讲给他听"也是教育者经常使用的教育手段。

小细节，小提醒。可以是规范强调，"我们有过约定，你要做一个守约人，为我们班的集体荣誉奋斗"，告诉学生目标以提醒学生修正行为；亦可以是纠错教育，"说说吧，你的这些行为是否合适、规范，打算怎么办"，让学生自愿表达自己准备怎样改正。一般情况下，学生在老师提醒一两次后，就能够改变自我，达成对自己行为的修正。

如果学生经常犯错，教师就需要以持续不断的提醒来要求学生改正行为。除了进行规范之外，教师还可以进行价值观的引导，如"我们是文明班，你要以文明学生来要求自己，你的这些行为应该避免"的方向性引领，或者"你屡次这样，一次又一次没有信守承诺，让自己和班级都蒙受了一定的损失，现在老师不大相信你的保障，你打算怎么办？"此时"讲"的内容重要，态度更重要，要依照学生个性施以可接受的态度，施以适当小惩罚以规范行为，以促进学生"知道，更能做到"，达成明理之后对自己行为的管理。

讲给他听，是行为明确的指令，亦是督行，需要教师能以贴近学生认知，找到学生最容易接受的方式，有组织、有针对、有目的地对学生进行动之以情、晓之以理的引导，促进学生知而后行，最终达成知行合一。

做给他看，使之懂行

教学中，教育者经常会有"做给学生看"的教学示范。学生的常规问题教育，教育者的即时示范行为，也就是做给学生看，能让学生更加明了做的方法、做的策略及怎样做才是最好的行为路径。

做给他看，极具示范作用，能让受教育者即刻领会教育者的意图，从而修正自己的行为。小学低年级时，教育者在规范行为的时候，"我表扬×××，坐得特别端正"，发现其他孩子立马就坐端正了。教育示范，可以指定榜样者，最重要的还是教育者本人。比如见到学生没有打招呼，我们可以停下来，然后即时纠正学生行为：刚刚见到老师该怎么做？学生敬礼，老师还礼。慢慢地，这样的行为会蔚然成风，师生之间的和谐氛围更加浓郁。有的学生不善于交往，遇到同学的"玩笑"或"责难"时，气急攻心之后脏话连篇。教育者除了及时制止之外，更应该训练学生的文明语言，指导学生以更文明的言语及友善的态度对待同学。做给他看，即在学生"不知道该如何"的情况下，引领学生做出正确行为。

而在教育生活中，许多反向的例子在不知不觉中发生，值得教育者警惕。如我们告诉学生"自己的事情自己做"，可出现的现象是：走廊上，老师空着手在前面走，学生抱着作业本吃力地跟在后面；学生在卖力地擦窗、拖地，可老师却泡一杯茶，谈笑风生；路上学生礼貌地向老师打招呼问好，许多老师却毫无反应……我们教育学生"礼貌待人"，在得到学生的帮助后，很多老师忘记说"谢谢"！我们提醒学生"讲究卫生"，见到地上有纸屑，忙招呼学生来捡，自己却袖手旁观……榜样的示范作用是巨大的，在教育和生活中，教育者的行为会直接影响学生，一言一行皆教育。做给他看，是在学生有了一个不良行为或一个小错误时，教育者不必烦恼或喊破嗓子，而是用正确的行为示范，让学生有所学，并慢慢养成好习惯。

喊破嗓子，不如做出样子，古人云："其身正，不令而行；其身不正，虽令不从"，"行可以为仪表者，师也"。细节就是教育。做给他看，就是教育者应从我做起，做一个率先垂范的老师，让学生学有标杆。

让他试做，即时行动

教育者示范之后，需要"学而后行"的跟进。让学生试做，是深入体验并学会的重要步骤。学会后试做是验证要领是否掌握，以能正确付诸行动的重要方式。

试做，是检验学习成效的重要环节，不可或缺，等同于学习上的"练习"，用来巩固知识习得。试做，也区别于教育者与学生之间经常互动的"会了吗""嗯"的简单照应。试做，需要即时行动，需要有"来！做一遍我看看"的强化，是能让教育者亲历学生正确行事的重要环节。如刚刚的"表扬×××，坐得特别端正"，发现其他孩子立马坐端正了，可这端正姿态，对于很多学生来说真只是"即时"，有的学生坚持15秒，有的坚持10秒。这需要教育者不仅让学生试做，更要坚持试做。30秒之后提醒"表扬小×正确坐姿的持续时间特别长"，再次激励，大多学生重新调整了姿势；教育者继续以目标性进行引领，"老师等会儿看看，谁能比小×更有坚持力"，学生期待老师能在下次表扬他，坚持了下来；老师可以在5分钟之后或者更长时间里再阶段性正向强化，不断以试做成功的榜样，激励学生正确试做，并逐渐形成一种惯性。规则意识，就是这样不断强化，持续激励中达成学生行为习惯养成的。一些规范意识薄弱，不良行为习惯的纠偏，亦可以采用持续试做来即时规行。如屡屡在同伴交往中爆粗口的 A 学生，跟老师和同学达成了共识，集体督促他养成文明言语。在 A 每次言语失控时，同学和老师总是在第一时间，让他试做，于是时常出现这样一幕：小 A 的一句"他×的"之后，就是一连串的"对不起，我错了""你好！你刚刚说的我有另外的想法""不好意思，你刚刚不小心碰到我了，是不是礼貌地表示一下呀！"渐渐地，小 A 改变了自己的语言表达方式，成为一个言语文明的人。

让他试做，是用马上被认可的方式尝试，来巩固自己的正确行为。人的肢体对行为是有记忆的，多次不断重复行为，会形成潜意识的条件反射，即下意识的动作。正确行为、文明语言，都需要在不断试做中，逐渐形成肌肉记忆，深刻到骨髓里。

帮他确认，明了方向

外界信息，对个体行为的强化起到关键作用。至于行为方式是否正确，成长中的个体是模糊的。思想对行为缺乏正确的判断，需要由教育者不断地予以确认，引领学生打开行为盲盒，明了方向，形成正确行为模式。

确认，是正确行为的肯定，以促进学生不断形成正确观念来指引正能量行为。"对，还是不对？"很多学生对事情的判断非常模糊，错了也不自知，这就是教育者眼里，学生总是这样分不清是非的原因。如孩子很小的时候，物权意识不清，自己的东西随便丢，别人的东西随便拿，此时需要教育者予以确认，让孩子明确"自己的"和"别人的"；上课不遵守纪律，喜欢的课就认真一些，不喜欢的课就浑浑噩噩，此时需要教育者利用有效教育方式予以确认，帮助学生清晰地明了"所有课都得认真上"的概念。

随意模仿，不管行为正确与否，只要同伴有同样不正当行为，自己就会找理由安慰自己。一群高三学生，对班主任的严格要求不理解，总觉得被班主任"控制"，对于一些年轻老师"不增复习时间，不多进行练习"的话喝彩，对班主任常有反感言语，并在家长面前时常抱怨班主任的严格。其中小Q表现得最为典型，时有逆反事件发生，具体表现为顶撞老师、不按时完成作业等，班主任为自己的"独木难支"感到苦恼。作为小Q的父母，有时也难以理解小Q所描述的班主任"苛刻"的行为是什么。由于班上大多数学生分不清是非地对小Q暗暗"鼎力支持"，时间就这么悄然而逝。直到第一次高考模拟考试（简称"一模"），班上学生几乎没有人在省级联考中拿到好的成绩，失魂落魄的他们终于觉察到班主任严格要求背后的期待，其中尤以小Q受到的震动最大。原本自信满满的他，在面对非常难看的成绩时，在家长的引导下首次承认了班主任的良苦用心，开始奋发图强，期待父母和班主任一起来监督、纠正他的懒散行为。这次确认正确行为，时间漫长，代价巨大。一模为改变学生的观念提供了有力的契机，也让班主任之后帮助学生确认正确行为打开了正确模式。

帮他确认，是深入挖掘学生内心所想，并非简单的"我为你好"的一厢情愿，而需要抓住契机，在学生有所感悟后不断地强化，让学生心有所动、行有所向。

给他表扬，激励持久

表扬，对教育者来说，虽是最简单不过的措辞，但对学生来说意义非凡，是激励学生成长的催化剂。学生的一种行为受到表扬，不仅能正向强化并激励学生持久保持，更能激励更多学生学习并模仿这种行为，实现良好行为模式的正向引领。

表扬能激发人的兴奋感，而批评反之。当被表扬时，学生自信心会提高，会证明之前所做是正确的，会体验到正面、积极的情绪。教育生活中，有一个非常有趣的现象：一个一直表现不佳的孩子，偶尔做了一件好事，会被表扬；而一个一直表现好的孩子，偶尔做了一件不好的事，会被批评。教育者期待用表扬的方式激励表现不好的孩子能一直保持这种兴奋感，持续正向行为；利用批评阻止这个表现好的孩子，避免之后坏行为的习惯性出现。如平时学习表现一般的学生通过努力得到高分，父母很开心，狠狠地夸奖并满足孩子的一些心愿。孩子受到正强化，为了获得下一次更多的表扬和奖励，会更加努力地学习。

小 T 是一个犯错不断的孩子，经常乱丢垃圾，跑操缺席，做作业不认真，他也似乎习惯了批评。老师找不到表扬他的地方，很是无奈。为了找机会激励一下他，一次早自习，老师表扬大家及时到校不迟到：小 A、小 B、小 C……小 T，都能准时到校。不知道是不是小 T 第一次被这么表扬，那天上午他积极参与了跑操，及时交了作业，把这一切都看在眼里的老师又表扬了他。第二天，同学们发现小 T 来得最早，开了门，还打开窗户通风，老师又表扬了小 T。那一天小 T 更认真地跑操，作业交得更积极。为了把激励常态化，老师把这些内容纳入日常评价中，于是小 T 开始有了积分。

对于一个经常受到质疑的学生，表扬是久违的信任，是久旱的甘霖，是天使来到人间。

让他坚持，巩固行为

坚持，是把向上的心态持续保持，并落实到行动上，达到行为的巩固。巩固行为除了需要在日常中给予阶段性的外在鼓励之外，更需要有支撑内在动力的计划和具体措施。

行动表，是落实计划、促进行为正常化的重要载体，更是一个非常具象的行为量化轨迹图，促进学生能看见自己的进步，触动自己向上的力量，牵动自己前进的步伐。下面是"节粮行动达人"活动表，见表2-1：

表2-1 "节粮行动达人"活动表

内容	时间					监督意见
	周一	周二	周三	周四	周五	
1.不攀比，适量适度点餐，剩餐打包带走。						
2.吃饭时，吃多少盛多少，不扔剩饭剩菜。						

续　表

内容	时间					监督意见
	周一	周二	周三	周四	周五	
3.不挑食，果蔬肉食海鲜，样样营养好吃。						
4.懂宣传，向家人和亲戚宣传浪费可耻。						
5.善监督，身边亲人友人力促光盘行动。						

注：1. 每天做到就打"√"，做不到就空着，可以请父母、同学做监督人。
　　2. 一周合格的同学可以获得"节粮能手"称号，连续四周可获得"月节粮达人"，还可以争取"学期节粮达人""年度节粮达人"称号。

小小表格，承载着学生实现目标的梦想，把学生的点滴行为细化于日常。如上表，通过每周、每月、每学期的持续量化评比，激励学生在成为"行动达人"的同时，落实细节行为，树立节约意识，做"节约达人"。

坚持，需要创设看得见的行动轨迹，在行为实现时给予阶段性的积累，"积跬步以致千里"，促进行为目标的最终达成。

即时规行"六他"法，让尚处于迷糊状态的学生即时明理、了解正确的行为方式，即时行动，明了正确的行为方向，在日常激励中获得持久的行动力，开启正确的行为模式，走出迷途，走向明朗。

应对学生伤害"六一"原则

日常教育教学活动中,学生因自我疏忽摔倒,拐弯处速度过快碰撞,同伴争执拉扯或殴打,造成了一些伤害事件,轻者破皮、擦伤,严重者则牙齿磕断、骨折等。后者考验了教育管理者的应急能力,关系到学生身心健康及家校和谐,应遵循"第一时间—学生第一—态度第一—理性第一—教育第一—预防第一"的六个"第一原则",以生为本,让受伤的学生得到安抚和迅速救治,妥善解决学生受伤可能带来的矛盾,并以此为契机进行预防教育。

第一时间,迅速为要

学生伤害事件是日常教育教学中,发生最突然、处理最棘手,也最不容忽视的问题。若不可避免地发生了伤害事件,此时作为教育者(尤其是班主任)要把握以下几个原则。

1. 第一时间赶赴现场,查看学生伤情

学生容易发生伤害事件的场所,按照概率大小排列如下:运动场、校园游乐区、走廊拐角处、楼梯口、教室等。学生在运动过程中,由于躯体的移动会造成个体肢体的扭伤、体育器械的挫伤、相互碰撞的磕伤等。如有学生受伤,班主任若非在外地,就需要排除万难,第一时间赶赴现场。这能起到安抚受伤学生,以及缓解见证受伤过程的学生群体焦虑情绪的作

用。同时，班主任也能第一时间了解学生伤情，为后续救治和问题解决提供信息。

2. 第一时间救治伤员，做好紧急处理

除了个别学生，大多数学生伤害以骨折、牙齿磕破及外伤为主。这时将学生送到医务室进行紧急的外伤消毒和清理，能让学生在情绪上得到一定程度的安抚。此时教育者可以进一步了解学生伤情发生的原因是个体原因还是同伴因素，学生受伤严重程度如何等，为后续解决问题提供第一手资料。

3. 第一时间报告情况，伤害事件透明化

班主任（老师）需要把学生受伤情况第一时间报告给学校领导（无需送医的轻微伤除外）和家长，一般是先告知领导，之后马上通知家长。若涉及双方责任，需要通知另一方家长，清晰明确、简单扼要地告知家长学生受伤的部位、伤势情况及受伤原因，可以在清理伤口后拍照给家长，让家长明了孩子伤势。

第一时间原则，贵在迅速介入，让受到伤害的学生能及时得到救治，便于教育者及时了解并掌握学生受伤原因，让学生能及时得到救治，以缓解学生及家长的恐慌情绪。

学生第一，生命为先

伤害事件中的学生个体受伤，大体分三种情况：一般、严重、特别严重。无论有意还是无意，个人因素还是双方原因，事件发生之后的首要任务是以生为本，救治受伤的学生，伤情第一，救治第一。

一般情况，是个体在运动中扭伤或擦伤，涉及双方纠纷、肢体猛烈拉扯，并出现轻微受伤情况。小 N 和小 M 在走廊上相互动作过大，互不相让地打在一起，双方的脸上都有抓痕。班主任到场以后，首先询问两人的伤势，到医务室处理确认无碍后，询问出现问题的原因，并给双方家长打电话、传去两人伤后照片，对两名学生进行了批评教育，双方保证以后学会礼让和友好，老师跟进后续教育。

严重情况，是个体动作不规范摔倒扭伤或骨折，涉及双方碰撞造成肢体受伤、牙齿磕碎等需要送医院的情况。小 X 在走廊上跑着去厕所，小 Y 从教室里跑出来，在门口处两人撞在一起，小 Y 的牙齿磕到了小 X 的头部，导致小 Y 的牙齿磕掉了半颗。班主任到场后，把小 Y 送医务室紧急处理，找到的那半颗牙齿马上存放在纯牛奶中（能保护牙神经组织活性 2 小时），联系上双方家长，讲清原因。征得家长同意送哪所医院后，班主任将小 Y 送医院，两位家长同时到医院，全程陪同。因涉及牙齿的后续医治，小 X 的家长为小 Y 垫付了第一次的全部医疗费用，为后续分责和协商打下了较好的基础。

特别严重的情况，首先应该采取急救措施，并将伤者送往医院救治（或叫救护车），同时立刻联系家长。及时向学校领导反映情况，一同前往，多一人多一份力量。为防止双方家长沟通不到位，班主任不能很好地进行协商，需要学校出面解决，避免相互埋怨造成不必要的争执。

受伤事件中，教育者要秉承受伤学生第一的原则，全力救治受伤学生，但需要告知双方家长和校领导。事件越透明，问题解决越清晰；越是以学生为先，就越能得到家长的支持。

态度第一，安抚为上

态度决定一切，教育者在应对学生受伤过程中所表现出的态度，亦可以折射出日常对待学生的态度。处理学生受伤的时段，是让家长见识教师态度的关键时段，教师需要表现出积极、温和、内疚、安抚、不回避等关键态度。

"老师小节"呈现"学校气量"。小 T 在打扫卫生时不小心滑倒，造成腿骨折。爷爷奶奶非常心疼地来接孩子时，班主任说："不好意思哦！是我没有看好他，让他摔倒了，哎呀！好心疼呀！"本来有点儿愤怒的爷爷奶奶霎时没了脾气，反而安慰班主任："是孩子自己不小心，老师不要内疚。"室内体育馆，因集体气氛不好，跑步时学生拖拖拉拉，体育老师有点儿生气，让大家多跑两圈。没想到学生小 H 在跑最后一圈时头晕摔倒，磕破了头。在医院里缝针的过程中，班主任 X 老师不停地安抚学生小 H："小 H 真是勇敢，流血不流泪，缝针不吭声，有男子汉气概，老师要好好表扬你。"小 H 的父母非常不好意思："老师你不要陪着了，回去好了，有我们在，没事。"X 老师直到整个医治过程结束才离开。本来想说点儿什么的小 H 爸爸最终向 X 老师表达了由衷的感谢。

安抚暖人心。学生受伤事件中，受苦的是孩子，焦急的是家长，教师要把自己教育的一面藏起来，把担忧孩子伤情的母爱（父爱）的一面表露出来，让家长感受到老师满满的诚意。

理性第一，厘清责任

学生在学校受伤，不管是否是学生个人因素，都涉及学校方的责任问题，校方涉及"设施设备""教育"和"监管"三大责任。因此，班主任在送医和救治包括后续厘清责任的整个过程中，需要保持理性。

班主任需要保持的第一个理性是，一定要征求家长意见，把孩子送到家长满意的医院，而且速度要快，征求完毕马上送医；若是非紧急情况下，可以等待家长来接孩子去医院。但不管是哪种情况，班主任必须安排好手头上的工作，陪学生一起去医院；涉及双方责任，对方家长要一起陪同。这样的做法，一来表达了对学生的关心，二来稳定了家长情绪，三来就医时能深度了解学生伤情，四来为后续责任分担提前做了准备。

必要时，教育者需要马上厘清责任。毕竟不是所有家长都能理性地看待孩子受伤问题。一次体育课上，学生小 C 跑步时不小心摔倒，磕掉了半颗牙齿。小 C 妈妈知道后怒气冲冲，嚷嚷着要找律师，无奈之下，L 校长从"学校三大责任"着手跟小 C 妈妈解释：一是小 C 跑步摔倒在很平整的操场，设施设备没有问题；二是课前老师提醒过大家跑步要小心，尽到了教育责任；三是跑步过程中，老师始终在边上看着，监管责任也没有缺失。即使小C妈妈找律师，也追究不到学校的责任。L校长解释之后，小C妈妈渐渐冷静了，想想的确是这样。为了安抚家长情绪，L校长还是非常细致地联系了优秀的牙科医生。因为措施到位，小C的半颗牙齿被完美地接上。再加上班主任细心地全程关心小C，小C妈妈表达了感谢，之后再也没有谈论责任问题。

孩子受伤，家长除了担忧伤情，也担忧费用。整个过程中，教育者要表现自己师者仁爱、担责和理性的一面，让家长和学生感受到老师此时的关心和关怀，以及对责任问题的周全考虑。

教育第一，提升意识

防范教育，是提高学生安全防范意识的重要环节。突发的学生伤害事件难以预测，可控性弱，教育者应该在思想教育、意识提升上下功夫，让学生时刻牢记安全第一，防范第一。

一是安全常识"说了不听也得说"。"教学区域不奔跑""楼梯、楼道、拐弯处慢下来""上下楼梯靠右慢行"……教育者总是要在"天天说，日日讲"的"碎碎念"中，增进学生的预防知识和意识。小J常有危险举动，时而从台阶上滑下，时而跨越草丛，对老师的安全提醒充耳不闻。一次班主任跟小J家长沟通时，聊到这个话题，家长惊奇地表示，老师的安全提醒小J经常在他们面前提起，并表示小J都是按照老师提醒做的。惊讶的老师跟学生了解后，发现小J无意中领会了老师"碎碎念"的内容，除了台阶和草丛等个别场所有点儿危险之外，其他确实安全地践行了。

二是安全意识"警钟一定要长鸣"，教育者需要经常通过安全班会课、国旗下讲话、安全宣传栏、班级安全班报、网络安全知识学习、安全小视频学习、安全知识竞赛等增进学生的安全意识，时时刻刻都不放松。每个月一次的安全演练不可少，防灾节日（如5.12防灾减灾日等）教育必须重点进行，每次学校组织的活动，安全紧急预案都得演练一遍。一次次的重视，换来一次次的安全；一次次的提醒，换来一次次的意识提升；一次次的演练，换来一次次的安全能力提高。

安全教育的关键，在于深入人心地进行细致化安全意识渗透，以及永不松懈的防范措施跟进。为学生安全护航，守护学生健康成长，每一次的安全教育都不能放松。

预防第一，能力为本

避免伤害，是安全预防中最重要的一个板块。学生经常性发生伤害事件，追溯缘由，必定是预防环节中出现了问题，如设备是否完好，监管是否跟进，学生预防能力是否提高等。

一是安全防范"防不胜防也得防"。防范需要提升所有人的意识，只有人人都是安全员，时刻提升防范意识，才能做到全员预防。"没事多看看""有事特别小心"需要成为全员共识。因此安全责任需要分摊到位，从"学校—年级—班级—小组—学生"，细细地让每位老师、每名学生都承担相应的安全责任，提高每个人的防范意识。

二是安全管理"管了没用也得管"。对于一些情绪波动较大、行为粗鲁、习惯性行为不稳定的"重点人"和"重点事"要重点关照。至于关照方式，可以是班级的"安全伙伴"专人结对管，可以是"安全员"细致跟进管。对于一些随班就读的学生，有必要的情况下，可以采用家长陪护看管的方式。当然，安全管理也不能草木皆兵，需要信任学生，促进学生提升自我看护能力。小G情绪不稳定，常有躲在学校某个角落或站在危险高处眺望的举动，上个学期由妈妈陪读。这学期因奶奶生病妈妈抽不出身，妈妈不能来陪读让班主任非常着急。经过对小G的慎重评估，学校跟小G达成信任协议，除了让他自己选择一个"安全伙伴"外，学校提议他自己做自己的"安全员"，看好自己。神奇的是，这个学期除了一次被妈妈误解之后来学校又被同学误解，小G"躲猫猫"一次之外，其他时间能很好地"看住自己"。期末小 G 获评班级"十佳安全监督员",与小 G 结对的"安全伙伴"也同样获此殊荣。

学生伤害事件预防,在于有自觉的预防意识、良好的预防能力及有效的监督力量,三位一体的全方位跟进,才能构建一道防护网。

学生伤害,有时会在可防可控中偶发,教育者需要本着"生命为本,学生为先"的原则,第一时间救治,不回避、不推卸、透明化,以师者"为人父母"的情怀,科学、理性地应对,把可能的伤害降到最低,紧抓教育契机,扣紧学生心头的安全紧箍咒,加高学生心中的安全防护网。

第三章

止犯预防，消弭问题于已然

"四类问题"判别教育跟进

学生行为问题的发展具有酝酿、积淀、爆发的趋势，教育者可以通过日常观察，根据学生行为问题的"动机、时间、影响、后果"四个维度，结合每个维度的不同情况来设定系数，利用一个合适的公式，来正确判断"四类问题"：小小问题、小问题、大问题和严重问题，便于一线教育者根据问题严重程度及时采取适当的教育措施。

设定"问题判断公式"，便于正确识别

行为问题的早期识别，是一项相对比较模糊且难以准确把握的任务，需要通过一段时间行为表现的日常勾连，来进行综合判断，并跟进相应的教育措施。

设定"问题判断公式"，借助系列载体来协助判别，如同美国的学生行为问题干预方法，利用里克特评分表、关键行为事件、学校档案记录、行为观察、行为问题的系统识别、早期识别计划等。学生行为问题的发生并不是一蹴而就的，总是有一个发展酝酿到爆发的趋势。借鉴美国学者埃莫的问题（不是"问题"的问题、小问题、大问题但范围和影响不大、影响范围较大或严重的问题）分类法，综合一线教育者的日常观察和判断法，结合学生行为问题四个维度：动机、时间、影响和后果，依据"动机"的无意、有意、恶意，"时间"的偶尔、经常、频繁，"影响"的自身、同伴、团队，"后果"的安全、危险、伤害，设置系数值，形成问题判断

公式（如表3-1）。

表3-1 "四类问题"指数及判断表

学生行为问题	动机（系数）	时间（系数）	影响（系数）	后果（系数）	问题指数分类
	无意：1	偶尔：1	自身：1	安全：1	3—6：小小问题
	有意：2	经常：2	同伴：2	危险：2	7—10：小问题
	恶意：3	频繁：3	团队：3	伤害：3	12—16：大问题
					18及以上：严重问题
问题严重指数=（动机系数+时间系数+影响系数）× 后果系数					

"四类问题"判断表，简单、明晰、深刻，方便教育者通过观察学生日常行为，来确定哪些是目前学科老师和班主任解决的"小小问题"，哪些是需要班主任联动家长一起进行及时教育的"小问题"，哪些是需要求助专业团队进行综合教育跟进的"大问题"，哪些是需要求助学生问题专家甚至专业医师的"严重问题"，并帮助一线教师做出较为正确的判断。

正确判别"四类问题"，善于策略梳理

学生问题早期显露之后，老师可以依据"四类问题"判断表，正确识别并初步判断学生行为问题性质及发展情况："小小问题"是学生习惯使然，还是无关紧要的偶发问题？这些问题若不重视跟进、及时教育，是否会发展为"小问题"抑或是"大问题"？根据"现象点击+系数判定+问题识别+策略建议"，及时识别，正确梳理针对性措施进行教育预防。具体见表3-2：

表3-2 策略梳理

案例1	现象点击	小R同学上课的时候，频繁地举起双手做出摇摆动作。刚刚开始的时候，同桌有时会被干扰。班主任跟小R同学交流之后，他表示自己也没有意识到有这样的行为。

续 表

案例1	系数判定	小R同学，动机是无意识行为，系数1；时间上很频繁，系数3；影响同伴，系数2；是安全行为，系数1。
	问题识别	根据"问题严重指数"公式：（2+3+1）×1=6，应该是"小小问题"。因为是无意识行为，根据问题趋势，若继续发展也是"小问题"。
	策略建议	从两个方面入手：调换一个不受影响的同桌，避免影响同伴；提醒或帮助小R，以减少摆动的次数。
案例2	现象点击	小A同学疫情后复学已经连续几天不来上学。妈妈反馈，他在家捧着手机，一出家门就喊不想来学校。
	系数判定	小A同学的行为，不想来学校是有意的，系数2；连续几天是频繁的，系数3；影响自身，系数判定1；暂时没有危险行为，系数1。
	问题识别	根据"问题严重指数"公式：（2+3+1）×1=6，目前是"小小问题"，但因为是有意的，并是经常行为，判断问题趋势，若继续发展会变成"恶意"事件，直接升级为"小问题"；若有同伴受到负面影响，或者有危险行为，会再升级。
	策略建议	需要从三个方面入手：辅导好同伴，避免负迁移；深入沟通，改变不愿来学校的意愿，避免行为恶化；隔断迷恋物品，正常返校。

通过观察发生在学生中的问题案例，依照"系数判定"和"问题识别公式"，能够较为清晰地透视问题的性质和发展，便于问题的识别与分类，便于教育者根据问题情况进行针对性的策略跟进，进行妥善解决。

针对具体问题，做出妥当处理

1. 发现"小小问题"后，及时规行纠偏

学生在成长过程中，总是伴随着各种各样的"小小问题"，它们有的是学生性格使然的小马虎，有的是大大咧咧的坏习惯，这些问题容易被忽视而发展成为陋习、恶习，需要教育者及时通过提醒、督促和规范予以纠正。

日常学习生活中，学生会有一些意识不到的问题出现，需要教育者在发现后及时规范行为，帮助学生认识问题，学会自我克制并获得进步。小Z同学，上课经常会出现恍惚、眼神飘忽不定、东张西望等行为，在课堂深入学习的过程中，常常难以专心，虽然从不影响别人，但也从不认真倾听，课堂作业糊里糊涂，家庭作业全靠妈妈辅导，甚至连检测时也会走神。小Z学得慢，忘得快，妈妈很是苦恼。根据"问题判别公式"，小Z的问题属于"[无意识（1）+经常（2）+影响自己（1）]×安全（1）=4"的"小小问题"，需要及时规行。之后，老师和小Z妈妈为小Z制订了一份改进方案，要求小Z：课堂上"眼看+耳听，能举手+会回答"；回家后不拖拉，在完成作业的过程中坚持"一做到底"。上课时，由老师和同桌监督，回家则由家人督促。遵守一周给予小奖励；若发现不遵守，则"提醒+小惩罚"。从第一个月的反复，第二个月的稳定，第三个月的进步，到第四个月能自我提醒，小Z在自己的努力坚持和大家的督促下，慢慢改变了自己上课恍惚、回家做作业拖拉的行为。

在学生的问题应对中，教育者需要树立"抓小抓早、防微杜渐"的意识，保持对学生"小小问题"足够重视的态度，及时规范和纠偏尚未严重的问题，预防坏习惯成自然而学生自身无力改变，导致问题的严重化。

2. 重视"小问题"现象，立足针对教育

学生面对问题和解决问题的能力，与自身对问题的理解力及问题发生的经历相关。俗语说"吃一堑长一智"，经历的问题越多，解决问题的能力越强，对问题的"免疫力"也越强。因此，教育者引导学生在"小问题"中提升反思力、感悟力及解决力，是避免其发生"大问题"的关键。

按照"四类问题"分类法，在班级管理中学生的"小问题"其实不小，是足够教育者头疼的"麻烦事"了，需要教育者及时对学生进行针对性教育，这对教育者的教育技巧及教育艺术有一定的要求。某班教室里，稍贵重一点的东西有时会不翼而飞，大家都不知道到底怎么回事。有一次，同桌无意中从小H的书包里发现了他之前不见了的东西，可小H就是不承认，说是自己用零用钱买的。根据"问题判别公式"，该问题属于"[有意（2）+频繁（3）+影响团队（3）]×安全（1）=8"的"小问题"。若教育者不及时跟进，对学生进行针对性教育，该问题很大可能会演变成影响恶劣的危险行为，升级为"大问题"。老师向小H爸爸了解情况，小H爸爸不分青红皂白揍了小H一顿，然后理直气壮地跟老师说："狠狠打了小H都不肯说，肯定是没有拿。"无奈之下，老师对小H的引导，只能从小H爸爸这边开始："打，只会让孩子更害怕，更会隐瞒。教育的本质是引导，需要让孩子明白什么是对，什么是错。"之后，老师通过让小H体验丢了心爱的东西的痛苦，适当地让小H爸爸购买一些同学都有的东西，来满足小H想拥有的愿望；通过协议让小H学会"公开地借"与"诚信地还"，引导学生们学会乐于分享，也让小H慢慢从"同学有，我也有"过渡到"可以没有"的心理适应。小H渐渐学会克制，改变了"偷偷拿"的不良习惯。

让学生学会反思及自我克制，才能避免问题的重复出现。教育者要善于从现象透视本质，从根本问题出发，进行有针对性的教育，一步步地科学引导，避免简单粗暴而导致问题滑向反向深层。

3. 面对"大问题"出现，需要综合跟进

任何"大问题"都是在缺乏及时教育跟进的情况下，一点一点变严重的，因此，我们首先要制止问题向更严重化发展，再抽丝剥茧般地改进。

学生问题严重化的一个重要原因，是长期忽略其心理成长及教育监管缺乏及时跟进。在家里，父母对孩子的错误行为过于包容致使问题被忽略，沟通的单向交互式导致孩子不愿交流，孩子活动空间过于私密造成问题隐蔽，父母长期缺乏监管，不能及时发现问题、解决问题等原因，导致父母看不见孩子的问题。在学校，同学间的平等交流，行为表现的毫无保留和同伴监督无处不在，学生的问题则会暴露无遗。小B被同学发现躲在厕所抽烟。老师了解后得知小B是在小学时跟隔壁哥哥到网吧里玩学会的，还经常跟哥哥一起聚众打架等，上初中后变得更严重了。根据"问题判别公式",该问题属于"[有意(2)+经常(2)+影响同伴(2)]×危险(2)=12"的"大问题"。显然,这样的"大问题"不是学校单方面就能妥善解决的。经过多方沟通,外出打工的小B父亲终于回来了。小B父亲得知后异常着急,不分场合地殴打小B。被老师劝阻之后,小B父亲呵斥小B:"要是再抽烟、上网、打架就不要上学了,跟我出去打工挣钱。"谁知,小B父亲话音刚落,小B当即表示早想去打工了。小B父亲傻眼了,一时不知所措。在老师跟小B父亲讲清问题原因及如何教育之后,小B父亲才彻底冷静下来,并期待老师指引方向,自己肯定能紧密配合教育。后来,小B在父亲的努力监管下,在学校外,让哥哥拒绝小B的跟随,让网吧严格执行未成年人不准进入制度,让周边小店不可以售卖香烟给未成年人;在学校里,实现小组内学习帮扶,自愿接受同伴监督,发挥小B乐于助人和善于协调的特点来帮助班级和同学。在家长、老师和同学经常沟通、激励并不断督促等综合措施跟进后,小B远离了不良场所,逐渐告别了抽烟、打架等坏习惯,慢慢向好改变。

综合跟进包括四个层面:教育跟进、监督跟进、帮助跟进和激励跟进,建成四位一体的"针对跟进"模式,从心理调节到明理教育,从隔断影响到有效监督,从解决困难到全方位帮助,从扬长激励到树立信心,构成了一个开放性的多元参与,同时也是经过有机组织整合而具有相对稳定性的教育综合体,采用多管齐下的方式提高学生学会面对问题、反思问题、解决问题的能力,收获改变与成长。

4. 遭遇"严重问题"时,求助专业力量

专业力量解决专业问题,学生的心理问题、严重的行为问题,都需要有专业力量的介入。有了专业力量的帮忙,教育者才能寻根问因,给出正确的综合育人(甚至医校结合治疗)方案,然后抽丝剥茧,有效地解决问题。

在学生问题面前,班主任不是万能的,不是所有的学生问题班主任都能解决。在遭遇"严重问题"而无法解决时,班主任需要善于求助学校德

育专家、区域德育专业力量，甚至是专业医院的心理医生，以求用更专业的指导来帮助学生面对问题，解决问题。学生小S被同学发现脚上满是刀痕，老师联系父母之后，小S妈妈吓哭了。在跟学校心理医生谈心时，小S说自己心里会莫名难受，用刀割自己大腿时，心里会舒服一些。根据"问题判别公式"，该问题属于"[有意（2）+频繁（3）+影响自身（1）]×伤害（3）=18"的严重问题。在学校心理医生的建议下，小S妈妈约了医院的心理医生，带小S去医院进行诊断。诊断发现小S已经有"严重抑郁"症状。医生通过追溯原因，建议家人改变不良氛围及创设和平交流的方式，学校同学、老师配合营造开放、接纳、和谐的氛围，让小S感受到温情。

一线教育者的职责非常明确，教书育人——重点是"育"，育是润物无声、拨动心弦的柔软方式，可以是学生糊涂时的提醒，犯错时的小小惩戒，更可以是进步时的表扬、闪光时的激励。尽职、尽责、尽能、尽力为学生成长护航，引领学生健康成长。学生"生病"，需要有"医者"守护。

应对学生不同层次的问题，需要有不同的教育力量跟进，以达到有效解决学生问题的目的。因此，学生问题的教育力量需要有阶梯式建设：第一梯队是班主任及任课老师，在学生出现"小小问题"时，老师用恰当的方式来正确应对和引导，启迪学生改变；第二梯队是班主任与家长合作，在"小问题"出现时，由班主任牵头，组织或指导家长参与的家校教育共同使力，共同解决问题；第三梯队是校园德育专家或学校专业教育团队，在学生出现"大问题"时，以专业团队、班主任（老师）、家长等综合力量正确跟进；第四梯队是在出现"严重问题"时，教育者需要邀请区域德育专业力量介入指导，或求助医院心理医生进行"医教结合"的综合治疗。

"四阶进程"化解冲动行为

因个性差异,一些学生在面对问题时,情绪特别强烈,不考虑后果,这种理性控制很薄弱的心理现象,俗称鲁莽。成长过程中的青少年毕竟自我意志监督能力尚在发展中,正确引导学生表现出的"年少轻狂""年少无知"等冲动行为,需要以"冷静舒缓—事件梳理—解决矛盾—自我提醒"四个阶段进程,引导学生化解冲动行为,洞察问题因果,学会理智面对问题,走出困境。

稳定情绪阶段,冷静舒缓

学生的冲动行为,跟外界强烈刺激有关,也有因长期郁积于胸无法排遣的怨恨和愤懑在瞬间被刺破而点燃的因素。此时的学生意识偏狭,语言出格,行为失当,贸然行事,会给同伴关系、师生关系及自身形象造成巨大的破坏性。此时,低龄学生会表现为无理哭闹、踢人、咬人,大声叫喊和扔东西、头撞墙等,青少年学生则会骂人、打架,甚至出现自残、自杀等行为。这就需要教育者帮助学生先稳定一下情绪。

1. 冷一冷

遇到学生的冲动行为,教育者切不可着急压制。冲动的人,内心极度紧张,身体如同"小火山",会竭尽全力地释放自己的心理能量,分析能力极度下降(别人的劝告及过去良好经验会被掩盖掉),往往会误伤劝解人。冲动行为如疾风骤雨般，来得猛，但去得也快，教育者在稳定冲动者的情绪前需要隔离刺激对象，可以先让冲动者"冷一冷"。具体做法是："坐下来—喝口水—不理他—安全陪伴"。站着的人，一般处于紧绷状态，我们可以看到一些犯错的小朋友站着时拳头紧握，容易激动；坐下来，身体会松弛下来，心情会放松下来，情绪亦能稳定下来。情绪激动容易口干舌燥，有经验的老师会倒一杯水给学生。喝凉一点的水，能够润喉、润心，稳定情绪。"不理他"，是避免交流不慎而再度刺激他。冷静需要一个安静的环境，老师创设一个"没有刺激"的环境，更利于学生进行自我调适。"安全陪伴"，学生在完全冷静下来之前，老师在旁可以适当地关注学生可能出现的过激行为。

2. 缓一缓

学生冷静之后，教育者也不要着急沟通与解决问题。"缓"的时间视学生个体冷静需要的时间而定，一般是学生完全冷静过程时间的两倍。要让学生觉得"无聊"，在学生不断"欲言又止"时，"缓一缓"的时间才能结束。学生"缓"的过程中，老师用余光关注学生即可，手头上需要有事儿做，改作业、备课等都可以。"缓"的时间过长或是"缓"的过程中，老师找其他老师聊天、开玩笑等会让学生觉得老师不严肃，自己刚刚的冲动行为没有让老师感到生气，会产生一种无所谓感。有的学生会觉得"没事了"，甚至不理睬老师偷偷溜走。因此，这个"缓"的过程，有陪伴老师行为的技巧，更有地点的要求，不宜在嘈杂的办公室或教室，需要有一个相对安静的空间，比如独立的办公室、心理辅导室、无人的教室、会议室等场所。

冲动是与生俱来的生命特性，研究人员至今还没搞清大脑的某些区域是如何控制人的思维和行动的。因此，稳定学生冲动行为的第一个阶段，教育者需要根据冲动行为特有的紧张性、暂时性、爆发性和盲目性来处置：用"冷一冷"，制止冲动行为进一步带来消极影响；以"缓一缓"，来启迪学生反省，为挖掘学生的理性认识预留空间。

反思问题阶段，事件梳理

因矛盾及刺激造成的冲动行为，不能因学生情绪稳定了就不管了，教育者需要有目的地回溯学生的冲动过程，利用细节回望梳理，让学生在充分表达的过程中了解是什么原因引起了冲动行为，引导冲动者"看见"自己的错误点，进行问题反思。

1. 说一说

学生情绪稳定后，需要阐述事件过程。容易冲动的学生，一般有以下特征：缺乏幽默感，开不了玩笑；不善于表达，一言不合就发火，一冲动就动手；面对质疑、困难或挫折，表现为反抗或泄气；激动起来听不进任何劝告，大部分人在冲动之后会特别后悔。此时需要老师安静倾听，来唤起学生的持续表达，直到他"词穷"。回溯的表达亦是学生重新认识事件的过程，会被学生认为自己被老师理解，从而升级为愿意接受老师的后续教育和批评。若是两个或多个学生闹矛盾，"说一说"需要遵循"一说一听"的原则，就是一次让一个学生说完，另一个认真倾听，不管过程是否属实，都做到不插嘴；一个学生阐述完毕，另一个学生再表达，倾听的学生同样不插嘴；教育者的作用是维持这种状态，直到双方表示"没有什么可说的了"。"一说一听"的优点有三个方面：一来便于厘清事件脉络；二来不会因学生的表述不同再度起争执；三来老师参与的倾听行为，能让学生感受到尊敬和鼓励。

2. 理一理

学生自我阐述，只停留在自我认可层面，一般只会表达对自己有利的一面，很少会细说自己理亏的部分。如，在A学生和B学生的打架事件中，A故意捉弄B，B骂了A，A恼羞成怒动手了，于是双方扭打在一起。双方阐述过程时，A会说，"是B无缘无故先骂我的"；B会说，"是A捉弄我，还先动手"。因此，教育者非常有必要根据学生的表达进行勾连、梳理，形成事件发展的真实脉络，并让各方达成共识。理一理，是反思问题的关键，是学生"看见"自己错误的重要途径。有经验的教育者，还会让学生把自己表达不足的地方进行补充，以回溯整个事件的真实情况，让学生清晰、完整地明了自己的情况，从更加客观、理性的角度看待事件的发生过程，从而明了自己当时所处的场景，为反思自我行为、承认错误、解决矛盾奠定基础。厘清事件脉络之后，老师若问："知道自己错在哪儿了吗？"学生一般会回答："嗯！"

"自知者英，自胜者雄"。化解冲动行为的第二阶段是反思，通过"说一说"，让双方看到认识上的差异，寻求共鸣。采用"理一理"，厘清引起矛盾的纠结点及自身立场的偏差点，设身处地理解对方的意图，从而看见自己的错误、反思自我，为解决矛盾达成初步共识。

明理和解阶段，解决矛盾

解决矛盾，需要直面矛盾点。大多数有冲动行为的学生"知道错了"，但都会有习惯性"甩锅"的毛病，即学生知道自己错了，但理由描述关联词是"因为……所以……"，认为是对方的错，自己是被迫无奈反击。解决矛盾的基础是对方有"歉意的表示"，才会有"谅解"的明理和解。

1. 道个歉，是解决双方矛盾的重要形式

学生的冲动行为，是当事者感受到了外界的不礼貌、挖苦、侮辱等方面的刺激。这些行为更容易被解读为是对自己的"侵犯"，导致当事者采用了冲动的方式来表达自己的不满，以维护自己的权益。鉴于在回溯事件达成反思之后，很可能会出现冲突双方了解了自己的错误所在，却把犯错原因推给对方的情况，因此，在解决矛盾阶段，教育者需要引导双方相互道歉。教育者要善于使用"对，因为他这样，所以你那样；也因为你这样，所以他那样。那么，该怎么办呢？"来直面问题。一般情况下，学生

会表露自己愿意解决矛盾的想法，甚至会表达道歉的意愿，但也有学生会"心是口非"，说自己"不知道"，一般更愿意让对方先道歉。教育者要直面道歉问题，并把握好关键的"先后轻重"，采用"先错者"先道歉的方法。在"A故意捉弄B，B骂了A，A恼羞成怒动手了"这个案例中，A先道歉，B接着道歉，A再进行深刻道歉。青少年学生的冲动行为，一般来得快，去得也快，"咬定青山不放松"并非深仇大恨，其实只需一个道歉而已。教育者引导学生勇于认错并表达歉意，是"一笑泯恩仇"的重要形式，为后续的人际交往奠定了良好的基础。

2. 握个手

握个手不仅是达成明理和解较为关键的一种礼节，更是促进关系融洽的化学反应能力源。学生在达成和解后的"握个手""拍拍肩膀"，甚至同性同学"抱一抱"的举动，从表面上看只是表达友好的一种形式，但从医学和心理学的角度看，这种肢体接触方式，对孤独、焦虑和压力的缓解特别有效。研究表明，一个适当的握手或拥抱，尤其是当冰冷的手被温暖的手紧握时，触觉会把暖意传递给身体，身体会衍生出一种爱意，油然而生的信任感和安全感特别能治愈孤独，有助于进行更坦诚的沟通，带来更深刻的理解。所以，关系好的伙伴经常勾肩搭背，就是这种肢体接触所带来的能量交换，是对良好关系的投资。曾有一位班主任，对两个因矛盾大打出手的学生，进行了"惩罚"——要求两个学生的手紧紧握着不松开。一个小时后，两个学生忍俊不禁，相互表达了歉意，矛盾烟消云散。用握手的亲密行为作为"惩罚"的背后，除了折射出教育者的爱心与教育艺术，更能反映出肢体接触所带来的关系融洽的化学反应。

马克思主义哲学中，解决矛盾主要有"一方完胜""同归于尽""双方融合"三种基本形式。教育的意义，是达到"双方融合"的境界，为此需要发挥教育协调作用，来达成双方的相互理解。"道个歉"与"握个手"，口头上的诚意配合肢体语言的跟进，能更快地促进矛盾双方的明理和解。

情绪自控阶段，自我提醒

现代生理学研究表明，当人遭遇不满、感到恼怒、碰到伤心事时，不满者想到的都是不满的事，发怒者想到的都是发怒的事。他们越这么想，就越感到自己不满和发怒完全是应该的。他们越想，这种认知越巩固，以致自己情绪失控，甚至失去理智。冲动行为伤人、伤己，需要学生调动理智进行自我控制，需要教育者帮助学生完善自我。

1. 提个醒

对冲动行为的克制，有时还特别需要自我提醒或得到外部帮助。譬如，在自己认为较为显眼的地方贴上"淡定"小纸条，时常提醒自己不要冲动发火，特别是在与他人发生矛盾冲突时，能及时警示。可以在心里默念"我不发火""我可以克制"等，也可以在心里默背诗词或文章等，使自己迅速从冲动情绪中解脱出来。当然，教育者则可指导学生以"现象—原因—例子—后果"等四个步骤，来学会洞察问题因果。如小 D 被同学误会了，非常沮丧，见到老师欲言又止。观察到小 D 异常的老师，马上介入了解，与小 D 一起分析了原因，一起寻找这个问题背后隐藏着什么信息，最后发现只是一场误会。于是，老师表扬了小 D 能自我克制，并和他一起分析若冲动会有怎样的后果，小 D 也暗自庆幸没有做出不良举动。在这个分析的过程中，小 D 学会了判别真伪、洞悉因果，避免了情绪积淀后因某个载体和媒介触动而爆发；学会了自我克制。

2. 笑一笑

表情会迅速传递给对方。若用"笑一笑"的方式来应对有情绪的同学，对方得到"微笑"表情之后会迅速弱化自己的情绪。这种"笑一笑"的方式会让自己想到高兴的事，并向大脑传送愉快的信息，迅速建立愉快的兴奋中心，有效地抵御、避免不良情绪。微笑需要训练，尤其是对于那些有冲动情绪、易怒个性，而不善于克制的学生，教育者需要经常性地对他们进行微笑训练，用自己的微笑去启迪微笑，经常提醒学生冲动是一匹脱缰的野马，微笑是握在自己手中的缰绳，只要想办法抑制片刻，就可以避免冲动带来让自己后悔的伤害。同时，教育者需要经常在容易冲动的场景中，让学生学会用微笑来进行自我克制，从而逐渐走向情绪自控。除此之外，日常静心训练也必不可少。教育者可以安排一些容易冲动的学生，选择几项需要静心、细心和耐心的工作做做，如练字、绘画、制作精细的手工艺品等。这些工作不仅可陶冶性情，还可丰富业余生活。

情绪自控阶段，"提个醒"和"笑一笑"的方式并不适用于所有学生，个性决定某些学生在遇到冲突时，不会一味克制。教育者需要教会他们一些处理矛盾的方法，如，学会思考冲突原因，双方分歧关键点是什么，有没有最佳解决方式。

精神科学家萨尔瓦多·蒙塔万方说：冲动是人们正常行为举止的一部分。当冲动带来好的结果时，人们便赞扬其"反应迅速"或"当机立断"。但冲动性行为，永远是对自己的行动失去意志监督的表现，任其发展就会转为病态，如刚愎自用、做事不计后果、急于求成等，大家应当避免产生这些后果。"四阶进程"化解冲动行为，深入冲动内因，启迪问题反思，解决矛盾，帮助学生学会自控，助力学生在解决问题中实现自我成长。

"四策学会"调节内心矛盾

心理冲突无处不在，一个人在遭遇质疑、矛盾，面对困难、挫折，或个体出现选择性障碍时，都会滋生心理冲突。若出现这些冲突，学生就会陷入自我碰撞的情绪，长期无法排解，会造成内心的不安，从而变成焦虑，甚至会引发抑郁等心理疾病。"调整心态—培养自信—敢于决断—懂得升华"四条策略可以引导学生学会平衡心理冲突，坚强面对困难，从而走出自我困局。

调整心态，学会正向思考

心理冲突，是引起焦虑的重要因素。一些个性内敛、不善于表露自己情绪的学生，往往会因老师不经意的提醒或批评，同伴的一句无意识责怪，一个不理睬的举动，或是一个忽视或漠视的眼神，而引起内心波澜，造成心境起伏，心情莫名郁闷。学生容易把内心冲突进行外在归因，成绩不好是因为老师讲课不好，同伴产生矛盾是因为同学个性怪异不容易交往等，凡事都将错误"合理化"，阻碍了人的精神成长。

正向思考，是调整心理冲突的有效方式，如你被老师批评，心里想的是老师批评自己说明想纠正自己的坏习惯，是对自己重视的一种表现；同学的责怪、不理睬的举动，想的是自己有时也会这样对待同学，应该互相宽容和理解。有了这样的思考，才会有积极主动的表现。那么，问题的关键是老师如何引导学生往正确方向思考并取得成效呢？"两难思辨"及

"身临其境"是培养正向思考较为理想的引导方法。班主任可以经常利用班会课或问题事件来引领学生进行"两难思辨"。

Q同学在日记上写"C老师已经一个月不理睬我了"。C老师利用班会课，在同学中开展广泛的思辨。问题1：请同学们设想，从C老师的角度出发，是否真存在不理睬某一个同学的现象？问题2：为什么会有同学出现这样的感觉？这两个问题引发了学生多面而多元的思辨，学生的思想火花不断碰撞。除了深度洞察不同心态学生的不同感受和思考之外，C老师也引导学生跳出"当局者迷"的视角，以更加客观的角度去分析，最后得到了达成广泛共识的结论：这只是老师无意而学生"有心"的行为，引导学生以豁然的心态去面对。最后，C老师表扬了这位同学能在日记中表露心情，呼吁全体学生若内心有纠结或矛盾，不要闷在心里，要通过合适的途径表达。

身临其境，是创设真实情境，引发学生思考自己在什么时候，让同学感受到自己给他们带去了"压迫"或"不理睬"，谈谈自己那时是否有意，自己当时有没有压迫他人的意图。老师让学生"身临其境"地去感受很多事情只是自我怀疑的"无中生有"，让学生学会正向思考来平衡自己的内心冲突。此外，老师还需要引导学生当感觉自己"无所事事""心情起伏不定"时，懂得去"找点儿事做""运动一下""去玩一下""探望亲友""做一件好事"等，来缓解或改善自己的不良心境。

学会正向思考是平衡心理冲突的有效策略，老师要提醒学生懂得舍弃抱怨、接纳自己、善于交往、平稳情绪、诚信大度、协调沟通的重要性。正确的思想观念才会有正确的行为，老师需要引导学生懂得：人是否幸福，根源还在于自己的思想观念；只要摆正了心态，就能摆脱一切纠缠自己的心理冲突，让幸福永驻。

培养自信，学会忽略纠结

自信，是个体对自身成功应对特定情境能力的估价，是自我肯定的内在表现。在心理学中,它与班杜拉提出的自我效能概念较为接近。拥有自信的人,往往思想更为积极,情绪更为良性,对外部矛盾的处理较为平和;面对挫折及心理冲突时,调节与平衡能力也特别强,待人接物时温和自如,有令人难以拒绝的魅力。

自信者愈发自信,正说明自信可以培养。培养并促成以下几个习惯可以让学生更加自信,更能成功地化解所遇到的内心纠结与矛盾。

习惯一,假装自信。心理学研究发现,不自信时可以假装。比如,我们经常提醒学生抬起头来,走快点,说话大声点,这些都是促进自信的表现。当一个人坚持去做这些时,行为也会刺激大脑,促使个体慢慢自信起来。N是一个胆小怕事的学生,遇到同学的不理解或说话大声点,就不敢吱声,有时还会偷偷抹眼泪。在老师的鼓励下,他在坚持做到"抬起头,大声说"后,内心强大了很多,偶尔也会跟同学"争辩几句",自信心大增。

习惯二,练习微笑。"咧嘴笑"是外在自信的体现,朗朗笑声渗透满满的自信;"微微笑"亦能让人看到内心的美好与善意,学会微笑也会调动自己的情绪,让自己的内心变得更加豁然,更加快乐。班主任D老师就是这样,不仅自己总是"咧嘴笑",也要求班上的学生"咧嘴笑",进而带出了学生心态最阳光的优秀班集体。

习惯三,学会接纳。情感丰富的人,都较为能够接纳自己,赢了就高高兴兴地笑,输了就痛痛快快地哭,没有什么过不去的坎。G老师班上的学生W经常被其他同学欺负,W妈妈非要向上级投诉学校存在欺凌现象,G老师约了好多次才跟W妈妈见上面。交流时,W妈妈哭诉自己和孩子如何可怜,被孩子爸爸欺负和抛弃。善于共情的G老师,陪着W妈妈一起哭,不想竟取得了W妈妈的信任,消解了她的情绪。W妈妈内心情绪得到了释放,接纳了G老师的劝解和调节,之后不仅没投诉,还在老师和对方家长的协调下,消除了W和同伴之间的摩擦。

习惯四,转换心态。遇到不如意的事,否定自己和不停地抱怨,只会消耗自己;面对失败带来的内心矛盾往往更容易丢失自信。学生E就是这样,广播操动作完成不好就打自己,数学难题解不了就折断笔,参与的团队比赛输了就不停自责、抱怨。每次当他有这样的表现时,班主任和父母,除了提醒孩子不必自我谴责外,经常用"还缺乏经验""多经历几次就好了"的劝导语言来激励他学会积极思考,提醒他在"抱怨自己"时,心里也不停地念着"我行的,还缺经验,多经历几次就好了"来转换心态。这个方法也慢慢地改变了学生 E 的心态,促进了其行为的改变,从而实现学生 E 的自我心态蜕变与自信心升级。

自信,是面对挫折时的满不在乎,是内心矛盾时的直接忽略,是心理冲突的平衡器。当然,坐前排位子,说话时正视别人,当众发言,大笑等亦是建立自信的好方法。

引导主动,学会敢于决断

主动解决和敢于决断,是走出心理冲突的重要方式。内心冲突时,要主动反思并厘清自己所处角色和自身状态是否相互匹配,从而帮助自己能够理性地分析矛盾根源,做出正确的选择和判断。所谓"优柔寡断,愁上眉头",敢于决断、主动解决才能最终将心理冲突消除。

内心犹豫的学生,容易有这样的情况:当自身利益受到侵犯时,他心中常会出现"算了,吵架不好"的声音,从而压抑自己,甚至强颜欢笑来面对外来的侵犯,而这样的做法,反而会加重他的内心冲突。教师引导学生做好以下几件事,能有效解决心理冲突。

一是主动解决。不能因为害怕犯错误或者争吵而退避,遇到被"侵犯"要主动亮明自己的态度,才能得到更多的尊重。R 同学因言语不和跟 H 同学激烈争吵而产生矛盾,于是她总觉得跟 H 同学说话的所有同学都在针对她。这件事始终困扰着她并导致她成绩下降,她甚至想转学。后来在双方父母及老师的帮助和调节下,两个学生积极主动地敞开心扉,最终解决了矛盾。事后,R 同学也发现跟 H 同学的矛盾并没有想象中那么严重,同时发现只有主动解决才能释怀。这件事也让 R 同学从矛盾中吸取教训,积累了宝贵的人生经验。

二是敢于决断。M 的同桌经常抄袭 M 的作业，M 因顾及同桌情感和害怕被同桌责怪，一直没有制止，但内心自责又担忧。在一次"敢于说'不'"班会之后，M 做出了大胆的决定，向同桌表露了自己的想法，并表示在同桌做作业实在困难的情况下可以帮忙辅导。M 的行动换回了同桌的理解。内心矛盾时刻存在，长期困扰会变得焦虑，敢于决断，切断拖延，能迅速走出内心纠结。

三是寻求帮助。他人的帮助可以平衡心理冲突，因此，教师可教会学生用哭诉的方式向家人或朋友进行心理释放。这样的做法不仅能迅速得到同情及安慰，还可以让亲友帮忙分析或整理思路，让自己可以更加客观、理性地面对心理冲突。当然，教师也要提醒学生，若寻求亲友无效果，且在持久的内心矛盾冲击下，出现个体的情绪障碍或不当行为时，就必须及时寻求心理老师或心理医生的帮助。

敢于决断，意味着立即行动，这是主动解决问题的最佳模式。越主动，越能取得先机。一个学生一旦敢于决断，就会变得越来越主动，越来越能收获远离内心矛盾及心理冲突的成功体验。

懂得升华，学会突破自我

若心理冲突得不到调节，有的学生就会压抑自己的情感，把那些不能接受的想法、念头统统赶回到潜意识里隐藏起来。压抑情感是一把"双刃剑"，正确的模式是引导学生进行重新规划、设定目标、发挥优势、付诸行动、精进提升，让学生获得自我突破，从而真正实现自我超越。

升华是情感转移的高级状态，是将内心的能量注入到另一个领域。这不是简单的发泄，而是注意力转移。升华需要有强大的个人决心和意志力，才能激发极大的动力，并创造奇迹。历史上的勾践、司马迁、贝多芬等都是在受到打击和挫折之后，在巨大的痛苦中，下定决心，忘我地奋发图强，最后成就斐然。老师引导和激励学生面对挫折时，需要对学生进行决心引领和意志力培育，通过启迪学生看见自己的优势来坚定信念。

学生 K 喜欢打篮球，运球、投篮都还不错，可因为身材瘦小，始终未能入选学校篮球队，他非常失落。他在跟体育老师深入交流后，体育老师鼓励 K 专注于自己的专长，如篮球的运球、传球技能训练，并用行动来向大家证明他是可以的。K 开始进行大量练习，在练习过程中注重自我提高。可由于他身材、力量等因素，始终不能"超越他人"，也再次失去入选校篮球队的机会。他十分泄气。班主任与他交流时表示"尺有所短，寸有所长"，鼓励 K 可以从其他方面突破，比如努力提高学习成绩，或提升交往能力，或是专注于服务他人中训练自己的管理能力。接着，K 给自己树立了一个梦寐以求的目标，在努力学习之外，他还跟同学热心交流，为他们提供热诚的服务。随着服务人群的逐渐扩大，大家对他热诚服务的广泛认可，他的服务及管理能力不断提高。后来，在参加竞选学生会主席的岗位时，K 以高票当选。

升华的意义在于鼓励学生跳出"旧我"，成为"新我"，需要培育并让学生拥有足够的勇气和毅力。只要教育者不断鼓励与支持，帮助学生去寻找特长并"扬长"，就有可能引领他们突破自我，解开内心的一个个"密封袋"，走出内心矛盾，走向一个又一个的成功。

卡伦·霍妮在《我们内心的冲突》一书中说：解决内心冲突的唯一办法，是改变人格中造成冲突的状态本身。"四策"使学生学会平衡心理冲突，学会正向思考、忽略纠结、敢于决断、突破自我，让理性个性代替矛盾心理，对自己始终保持高度觉察，让自身的人格得到很好的整合，从而走向健康，走向快乐。

"四方助力"走出孤立无援

一个人孤立无援时，内心处于恐慌状态，表现为脆弱、敏感多疑、状态萎靡，失望的情绪会蔓延。若长期如此，内心会变得脆弱，伴有社交恐惧和畸形想法，甚至出现极端行为。"父母—老师—同伴—自我"四方助力能温暖学生，帮助学生走出内心困境，走向坚强，走向幸福。

亲子助力，做孩子最坚强的后援

因血缘关系存在的特殊感情，父母一面是深爱孩子，给予孩子很多包容和庇护；一面是恨铁不成钢，期待打磨淬炼，使孩子成为理想的模样。

父母的这种复杂心态，会在日常行为中体现出来：孩子遇到难题不会，父母脱口而出"怎么这么笨"，其实是想让孩子聪明一点；孩子学习上有所松懈，父母马上责备道"怎么这么不努力"，其实是期待孩子更勤奋；孩子学习间隙玩的时间长一点，父母便提醒"动作怎么这么慢"，实则心里期待督促孩子养成遵守时间的好习惯……父母对孩子"都是为你好"的责难，是一种"心有爱，言则狠"的具体表现。很多时候，父母的这些方式会让孩子产生误解，一次次地把孩子推向远离自己的方向，导致孩子不理解父母心意，造成更多逆向行为。一个高中生因承受不了学习的压力，在操场上淋雨，父亲嚷道："你若再这样，就不要你了。"父亲想用"反向"语言，唤起孩子珍惜家庭、珍爱自我的警觉，这种未能解读孩子内心需求的粗暴表达，在孩子最需要亲情助力时，却给孩子令人失望的

"绝情",以至于这个品学兼优的孩子,不顾一切地从高楼跳下。

其实,父母更需要洞察孩子内心的真需求,看到孩子的不佳状态,即使心有"万鼓擂",言语也需"春风吹"。同是高中生的小 Y 最近状态不好,长了青春痘的她非常在意别人的看法,常因同学一句玩笑话生闷气,表现为失落、不理睬别人等,同学的一句"今天吃了很多豆子,感到恶心"就会让她暴跳如雷。妈妈"急在心里,劝在口中",不厌其烦地对小 Y 说不管同学怎么看她,她永远是妈妈最重要的人,要学会调整自己,要善于接纳自己的缺点。而且同伴不一定有恶意,有时也只是个"玩笑",要学会以平常心去面对同学的所谓冷落、责难。一次一次,小 Y 终于听到心坎里。慢慢地,小 Y 开始接纳同学,也接纳自己。孩子面临的压力并不比成人小,父母需改变"要啥有啥,烦恼什么"的简单心态,学会洞察和关注孩子的内心世界,适时满足孩子的心理需求,真正助力孩子走出心灵困境,走向坚强,走向生命成长。

亲情是最坚强的生命后援,孩子因孤立无援产生恐惧时,最需要有亲人坚定的支持。作为父母,一刻都不能忘记关注孩子的心灵成长,要更多地用关心和包容抚慰孩子,以爱育爱,在孩子遇到挫折时抚慰孩子。

老师助力,做学生最重要的他人

最希望学生变得出色的,除了父母,就是老师。师爱是融亲子之爱、兄弟之情、友人之谊于一体并超越情感的真诚和善意之爱。

老师总会在学生陷入困境时及时给予帮助,在学生迷茫时给予解惑,在学生随心所欲时予以提醒,在学生违纪时及时规行。学生会产生"有困惑找老师"的依赖,又会滋生"怎么又被老师发现"的无奈。对学生来说,老师是可亲、可爱的,又是可怕、可敬的。老师总是先于父母发现学生问题,寻求父母来共同解决。

学生小 D 因父母有了二孩觉得被冷落,认为自己是多余的,表现出自我否定状态,觉得自己学习不好,作业干脆不做;觉得自己身体不好,不参与锻炼；觉得自己卫生习惯不好，地上纸屑也懒得捡起。同学提醒她，她就委屈；同学不理解她的这种行为，经常责怪她给班级造成了损失，于是她就大喊大叫地予以反抗，一时陷入了"孤立无援"的僵局。班主任 L 老师除了跟她父母及时沟通，引导父母调整行为之外，还利用班会"家里添了新成员"，引领集体讨论二孩给自己带来的变化，明白二孩是父母带给自己的伙伴和礼物，善于理解刚出生的弟弟、妹妹需要家人更多关注，明确自己也要在参与照顾中获得乐趣。之后，老师用理解和激励不断唤醒她的自信：经常在她作业磨蹭时，表扬"开始了就不错，再快点就好了"，用适时指导，让小 D 积极投入；在她不想参与锻炼时，鼓励她"运动才健康，你腿那么长，你行的"，有时还会用陪同跑一段的方式换得小 D 劲头十足；在她卫生习惯不好时，提醒她"嗯！自己会发现，就会主动清理！" L 老师暖心的微笑，缓解了小 D 的抗拒心理；柔软方式，唤起小 D 的认同和持续进步。教育，最动人的瞬间，是教师用包容的态度和热情的帮助，温情地助力学生破茧成长。

老师，是学生最重要的他人，是学生校园生活人文环境最关键的影响因素，老师的一言一行都是影响学生成长的关键。教育，就是老师用爱在学生生命中播下一颗颗"爱"的种子，让种子在他们的心中生根发芽，并在将来把爱的果实播撒到各个角落。

同伴助力，做友人最知心的伙伴

友情是学生融入集体的基础，是班级和谐生活的保障。人际关系是有意选择的结果，从一个人对特定玩伴的倾向性可以看出，学生主要和自己觉得喜欢或看重的人交往，并主动去寻求这种关系。

同伴，是问题制造者，也是困难的解决者。学生相处时因个性差异和理解不同会产生矛盾，从而导致问题的出现。学生若养成"遇到困难找同伴"、有问题同伴相互协调、有困难互相帮助的习惯，生生之间定能有效消除矛盾，从而融洽相处。同伴能相互助力的前提是有深厚的友情基础，可当同伴之间由于相互不信任而产生排斥时，就需要师长从中协调，助力同伴间感受善意，解决矛盾。

小 G 不善言辞，且具攻击性，常常一言不合就动手，这让很多学生感到害怕；同学们"惹不起，躲得起"的心态，也让小 G 倍受冷落。一次，小 G 跟同学争执之后受到大家的谴责，小 G 表现出一脸的不屑。为了缓和气氛并让小 G 看到同伴的友善，班主任先让大家谈谈对这件事的理解，但要求在说小 G 缺点的同时，必须说一个优点。刚开始，大家的发言充满了"控诉"，到最后变成了小 G 优点大会，从小 G 红红的眼眶能看出他感受到了大家的友善和爱意。第二天，学校图书室的小 F 老师正望着几捆书一筹莫展，班主任暗示小 G 去帮忙，小 G 积极去帮忙。看到满头大汗的小 G 回到教室，同学们报以热烈的掌声。这次主动帮助，让大家看到不一样的小 G，也让小 G 体会到帮助别人的幸福。班主任利用"同桌抽签卡"，让不善言辞的小 G 抽中了仗义的小 Z 为同桌。老师特地嘱咐小 Z 要用自己的热情和友善把小 G 带入朋友圈。每次在小 G 将有冲动行为时，小 Z 总是第一时间为他解围，为小 G 的冲动行为向同学表示歉意并解释小 G 本来的意图。渐渐地，小 G 在小 Z 的帮助下学会了控制自己的情绪，大家渐渐了解到小 G 冲动行为背后是因为不善表达，也就不再跟小 G 过多计较。置身于融洽氛围中的小 G，感受到友好交往的乐趣，学会了与人共处，学会了善待别人，开启了友好模式。

我们可以看到，学生遇到困难，需要教师创设同伴伸出友好之手的氛围，因为没有人会拒绝友善，牵手互助才能让遇到困难的学生得到同伴的帮助，同伴助力自能形成被帮助者心存感激及帮助者内心坦荡的和谐氛围。当然，除用"落实友谊"来引导个体快速融入集体之外，还可以实施小组打包制，把班级管理的常规竞赛等纳入小组考核，促进小组形成相互提醒、相互帮助、相互负责的小团队；也可以设立兴趣社团，让爱好相近的学生为了共同目标走在一起，为了共同理想去奋斗。教师可有意识地让学生在解决困难中形成友谊，在经历磨炼中凝聚情感。

良好的同伴关系，是学生立足班级的关键所在。受挫时能得到同伴的及时抚慰，遇到困难时有同伴热情相助，友谊能让学生的内心产生安全感和归属感，同伴交往经验有利于学生在成长中发展良好的自我概念和人格。

自我助力，做自己坚定的守护神

引领青少年学会自我助力，懂得自爱，守护自己的信念，是非常必要的。这需要教育者从培养学生自主、培育学生自尊、让学生学会自强及让学生自我实现等切入，让学生在不断经历和感悟中，完成自我的蜕变。

有些学生遇到困难，胆怯退缩、不善求助，以致最后甚至连反抗的勇气都没有。教育者需要在这些学生遇到问题时，引导学生进行自我助力。小X个性内敛、胆小怕事，遇到事情总会退缩。一个男生丢书，砸中了她的杯子，杯盖掉地上砸坏了，小X很伤心，但她却不敢找肇事的男同学，默默地把杯子带回家。因为商家不单独出售杯盖，妈妈很生气地打电话要求丢书男生的妈妈赔偿200元（杯子价格）。肇事男生被妈妈责怪后，第二天来责骂小X，小X哭得很伤心。一个没有自主能力的女生遇到了一个不懂自省的男生，该怎么办呢？遇到这样的同伴纠纷，老师不要着急解决，关键需要抓住契机来培养小X的自尊意识和自强能力。

于是，老师把问题抛给两个学生："你们自己觉得怎么办？"自感理亏的男生始终不说话，老师让小X先说，小X目光躲闪，开始吞吞吐吐。由于老师始终不说话，小X也就只能豁出去了，要求男生赔偿和道歉。男生不说话，保持一种无声的"对抗"。老师转头问男生："小X说要赔偿，你觉得呢？"男生回答"不知道"。小X一听急了，又开始哭了。"哭解决不了问题，你自己说说想法。"老师继续选择让小X表达。事件非常明了，对老师来说解决起来并不难，关键要抓住这个机会激发小X的自强潜能。等待了一会儿，终于，小X忍不住了，大喊："你砸坏了我的杯盖，你说不知道；我现在就去把你的杯子砸了丢到垃圾桶去，然后也说不知道。你若不赔我，我现在就去。"老师心里暗暗惊喜小X终于开始觉醒了。男生非常诧异，一时被小 X 的吼声唬住了，愣了好一会儿才说："赔你还不行吗！"老师顺势说："好了，那就这么办。本来砸坏东西予以赔偿就是一件正常的事，男子汉要有担当，以后也要学会自我克制，不要这么随意！真错了，要勇于负责。"男生点点头。小 X 诧异地盯着老师看了一会儿，见老师笑了，罕见地脸红了起来，可能她也被自己刚才的举动吓着了。这一吼，为小 X 找回了自尊，突破了自我禁锢，学会了面对困难，自强的表现让她实现了一次难得的在困境中自我突破，用自己的勇气来助力自我解决困惑的蜕变。相信这次的成功体验为她开启了人生的一个新起点，激励她不断地自我实现，变得更好。

自我实现只要成功一次，就如那能变成熊熊烈火的"火苗"，能激荡起燎原的气势，并慢慢形成一种经验。要让学生自我实现，关键是要引领学生跨出自强的第一步，为自我助力成就奠定基础。

"四方助力"让学生看到支持力量，亲人是最坚强的后援，老师是最重要的他人，同伴是最知心的伙伴，自我是自己坚定的守护神。心理生命的三大支持系统"亲情＋友情＋自我"若能得到充分助力，学生在遇到困难时，有人可找，得到及时帮助，能更快速地走出孤独状态，融入人群，走向生命的极佳状态！

"四个深入"应对突发事件

学生因不良行为、人际冲突、意外事件或异常心理等引发的突发事件，偶然性强，但往往影响深远，处理不当常会造成比较严重的后果，甚至会成为一种危机，给教育者今后开展工作带来重重阻力。"深入现场—深入挖掘—深入内心—深入成因"的"四个深入"能有效控制事态，洞察缘由，启迪感悟，引导学生学会处理问题，防患于未然。

深入现场，果断干预

学生因从众心理发生的"跟风"，有时看似是一件不起眼的小事，可若大家纷纷效仿，容易闹成"大事"。有老师此时打着"爱学生"的旗号，遇到学生调皮捣蛋，一笑了之；面对违规违纪现象，不干预或不懂得如何干预，轻描淡写，不痛不痒地说几句"以后不能那样哦"……学生嘻嘻哈哈，老师得过且过，最终导致班级学生缺乏防范意识而发生突发事件。

深入现场，即在发生突发事件的现场，干预者走入事件人群中间，让导致事件发生的学生强烈感知，此事并不简单。美国学者肯特夫妇提出并倡导的"果断纪律策略"中，提到了学生调皮捣蛋行为的处理方式。有时学生特别调皮，常将老师的常规训练置于脑后，肯特建议教育者运用下列两项控制技术："走进去"和"不许动"。

一次午餐，有学生把咬了一口的苹果悄悄地丢在泔水桶里，同伴看见了，也拿着咬了一口的苹果朝泔水桶走去，正准备丢的时候，班主任喊了一声："干什么？可以这样对待苹果吗？"该学生马上退到座位上，吃完了那个苹果，其他学生看见了，也纷纷吃完了苹果。一次可能泔水桶丢满"半个苹果"的行为得到了制止。在另一个教室，有学生朝垃圾桶丢废纸团，丢到桶外而不捡起。一个课间过去，垃圾桶周围都是废纸团，无一人动手捡拾……两个"丢"东西的事件中，均有学生"你可以，我也可以"的心态蔓延现象，"丢苹果"事件因班主任的制止而平息，班主任就使用了"走进去"和"不许动"两项技术，大吼了一声"干什么"，没有多余的句子，却足具震撼力，对失控的学生使用，非常有效。学生的错误行为戛然而止，老师的干预初具成效；学生对自己的错误行为也会恍然大悟，心里会想，能让老师这么生气，这件事肯定错了，而且很不对。因为在学生的心中，老师的反应程度决定了自己错误的大小。所以，老师要果断地制止这样的事件，能坚定而又冷静地能喊多大声就喊多大声，特别是平时温文尔雅的老师，会更具威力，也足能影响并制止一件错事的继续蔓延。

看似是学生无意间丢苹果和丢纸团的事件，实质是学生无知无畏、跟风而行的表现。一两个学生引起，三五个跟风，十来个一拥而上，多数人默然，少数几个敢怒不敢言。遇到此类事件，教育者需要"深入现场"，果断采取措施，迅速而有效地防止事态扩大，能善后的要迅速善后，把影响和损害控制在最低限度。

深入挖掘，启发感悟

深入挖掘，才能充分挖掘事件背后的教育契机。这需要教育者能高屋建瓴地看待问题，透过事件的现象看到本质，根据以生为本的教育理念，紧紧地抓住学生微妙的心理变化，激起学生解决事情的热情，智慧巧妙地对学生进行教育。

教育工作中，挖掘学生心中的所思、所想，是激发学生深入思考并形成决议和共识，形成正确舆论的重要前提。在制止了丢苹果事件之后，班主任说："老师倒希望每个人都先思考一下：一是这件事情为什么会发生，二是仅是某一位或几位想丢苹果的同学的错吗,三是如何处理这件事。"当老师说完这些话,几个以为"没事"和一些想看"热闹"的学生安静了下来。围绕着这三个问题,学生们进行了激烈的讨论,形成了理性的归纳:一是如果每个人都吃掉自己的苹果,错误行为就不会发生;二是不仅只是丢苹果的同学一个人的错,看到错误的事情发生,非但没有人去制止,反而跟风参与,其他同学要从别人的错误中反思自己,而不仅仅只是看热闹;三是大家都要检讨,丢苹果的同学更要深刻反思,还得保证下不为例。讨论之后,丢苹果及想丢苹果的学生为了表示悔意,提出为班级义务劳动一周。这样一个让学生经历深思、谈论、达成共识的过程,避免了教育者的"一言堂",避免了学生的见机行事、阳奉阴违,树立了学生遇事要有自己的判断和主见的意识,营造了人人都是监督者、管理者的民主气氛。

深入挖掘感悟的过程,契合了王安石的一个重要观点——"求思之深"。在"丢苹果事件"中,教育者并没有泛泛而谈,而是充分给予学生独立深思的空间,让学生能"言人之欲言,言人之不能言",全面、客观地剖析问题,让学生看到了"丢苹果"不仅仅是浪费的问题,其本质是一个人在失去了监督、失去了克制之后事态的严重发展,从而明白自己的职责,最后达成了共识,树立了责任意识。

深入内心,宽容应对

在日常的教育教学过程中,一些来自学生的质疑或对抗,有时会不经意间发生。这需要教育者能心存学生,站在学生的角度,思生所思,宽容应对,善于捕捉瞬间即逝的教育契机,妥善解决突发事件的同时换得学生的尊重。

洞察力和判断力是教育者深入学生内心的重要能力,解决和应对突发事件亦需要这种重要能力。"怎么又是这个老头上课?"学生小 X 冷不丁的一句怨言,惹得大家哄堂大笑。大笑后,大家一片寂静,等待上课老师

L 的反应。这节课本来是信息技术课，学生的最爱。可是，上信息技术课的老师，今天请病假，教务处安排 L 老师来代上，于是就发生了上述的一幕。L 老师沉默了一会儿，学生更安静了，看了看那个"失言"的学生小 X，发现他的脸都变白了。于是，L 老师若无其事地说："年轻人（信息技术老师）身体扛不住了，只好请假，教务处看我这个老头身体还算硬朗，就派我来了。看来电脑用太多了，也不是什么好事，你看电脑有害健康吧！"这时，课堂上又爆发出一阵哄笑。听得出来，这是一阵发自内心的欢笑。在教育教学中，冷不防的事件会无意间发生，有时矛头直指老师，还会让老师陷入某种窘境。此时，老师如能深入洞察学生"失言"的缘由，幽上一默，甚至调侃下自己，就会让欢笑弥漫，让尴尬在快乐和谐中消弭。

爱默森说："教育成功的秘诀在于尊重学生。"尊重学生，是老师采用"心理换位"，通过师生之间的对话，运用幽默语言来让学生体验到做人的尊严，享受到被人尊重的快乐。突发事件，若牵涉到老师本身，但不涉及生命安全，宽容应该是应对突发事件的首要策略。教育者只有坦然面对，才会有沉着冷静的头脑，幽默智慧的语言。这样，应对突发事件时就能从容不迫，即使"泰山压顶"，也能淡定应对。

深入成因，防范未然

突发事件虽然偶然，但会有前兆，存在一定的必然，教育者应及时发现，及时教育。只有深入成因分析，引导学生"看见"自己的行为，从中反思、感悟，采取有效的防范措施，落实行动，才能有效地预防事件的发生。

学生的突发事件，出于偶然，成于必然，任何事件的发生一定有其深层次的原因。课间十分钟，许多学生会选择在教室玩，偶尔会有几个学生在教室里来回追逐，时不时地碰到桌子，学生扶正桌子，揉揉肚子，继续玩耍。就这么一个现象，我们透过几个镜头看结果。

镜头一：班主任甲看见了，笑了笑，孩子嘛，玩是孩子的天性，提醒学生要小心。学生感谢老师的善意提醒。接下来的日子，课间的追逐没有停止，老师也不在意。突然有一天，一个学生的脚勾到了凳子，摔倒了，头撞到桌角，额头顿时血流不止，班主任甲急忙送孩子到医院就诊。从此，班主任甲禁止学生在教室里追逐打闹。

镜头二：班主任乙看见了，大呼危险，让学生停止追逐，可等到老师走后，学生继续玩耍。有一天，两个学生正玩着，突然有人喊班主任来了，前一个学生反应快，迅速停下来，后面的那个学生慌了神，脚底打滑收不住，扑倒了前面的学生，前面的学生又扑向了桌子，两人成了多米诺骨牌的首牌，教室里的桌子倒下了一片……一块三角板跳出来划破了一个学生的脸，所幸没有伤到眼睛。班主任暴跳如雷，大肆责怪，从此班级的学生再也不敢在教室里乱跑了。

镜头三：班主任丙看见了，召开了一节班会课，主题是"谈谈在教室里的'跑'"。有的学生列举了"跑"的种种好处，如活动了筋骨更有精神、能增进同学们之间的友谊等。有的学生列举了"跑"的坏处，特别是在教室里跑，影响了其他同学的学习，而且容易碰到桌子或教室里的其他物品，轻者损坏物品，重者自己受伤，还可能累及其他同学，并就有可能发生的一些意外情况进行了演示和模拟，引起了同学们的共鸣。从此，教室里再也没有出现追逐打闹现象。

防患于未然，是要把有可能发生的突发事件化解在萌芽之中。只有深入地研究成因，启迪学生"看见"未来，让学生发自内心地构建"防护墙"，才能真正地预防突发事件。

突发事件，因偶然性强让很多教育者猝不及防，这需要教育者具备洞察力和现场干预力。深入洞察内因是教育的钥匙，只有充分了解事件的来龙去脉，才能根据原因寻找最佳对策。教育者要善于运用集体的力量，发挥集体的智慧来解决问题，并做到防患于未然。

第四章

再犯预防，阻断问题严重化

"阶段引导"实施危机干预

学生情绪上的特别冲突，容易因应对不当而升级，导致危机事件发生。教育者引导时特别需要谨慎，"稳定情绪—有效沟通—自我感悟—学会自控—持续跟进"五个阶段引导学生冷静、反思、解决问题，实现"软着陆"，是较为妥善的策略。

引导冷静阶段：稳定情绪，安全陪伴

人的情绪长期积淀，会因某个不满达到触动点，而被点燃后瞬间爆发，解决问题需要给予一个充分的情绪释放过程，这就是我们在应对学生情绪问题时，经常需要注意的：要解决问题，先解决情绪。

一天下午，L老师在开会。小C老师在电话那头边哭边急切地说："L老师，你抓紧来一下报告厅……"来到报告厅，L老师看到了这么一幕：小C老师和小W老师紧紧拉着女生小Y的手，小Y一边挣脱一边冲着小C老师喊："我要杀了你，杀了你，我要跳楼……"

L老师急忙问："怎么了？"小C老师泣不成声，小Y同学亦号啕大哭。

看到双方情绪都难以控制，L老师请小W老师带小C老师先回办公室，他认为要稳定一下小Y的情绪，之后再深入了解事件的来龙去脉。

L老师对小Y说："你先别激动，有什么事情可以跟老师说。"

小Y哭得越发大声了。带小Y来到报告厅的后排座位坐下，L老师坐

在与她同排的窗边的位置。见她一直哭，L老师没有打扰她，让她缓一缓，先稳定一下情绪。趁这个时间，L老师简单地通过手机信息的方式向小W老师了解情况。

慢慢地，由于报告厅陆续进来很多准备排练的学生，比较喧闹，L老师借机跟小Y商量，换一个地方，去他的办公室。她点点头表示同意。他们来到了办公室。L老师让小Y坐下来，想想刚刚她情绪如此激动，应该口干舌燥，就倒了一杯水放在她面前。等了一会儿，她喝了一口水，情绪稍微缓和了一些。

冲动行为，跟外界的强烈刺激有关。情绪冲动的人，内心极度紧张，会竭尽全力释放自己的情绪。面对学生的这种行为，教师切不可着急压制，最好是先让学生冷静下来。

引导了解阶段：有效沟通，意图解读

有效沟通，是引导学生反思、解决问题的最好方法。教师需要了解学生产生情绪的原因，才能进一步分析、引导并解决问题。

看到小Y情绪稳定之后，L老师直奔主题："刚刚为什么说要杀了小C老师？"

小Y说："她说要在毕业评语上，给我打上最差等级，让我上不了××外国语学校。"

原来如此，L老师很诧异："刚刚在报告厅不是举行语文素养大赛吗？好好的，你怎么会跟自己的班主任闹这么大的矛盾呢？"

小Y没有回应。

L老师想这个问题也许她觉得不好回答，就转换话题："刚刚从小W老师那边了解到，你在比赛的时候不断地喊'把他手剁了'，是吗？"

小Y说："是的，我喊了。"

得到证实后，L老师还是觉得惊讶："为什么这么喊呢？"

小Y说："我就是要把他的手剁了。"

调整了一下自己的情绪，L老师发现这女孩的表达方式特别直接，继续这么沟通，她不加修饰的语言，也许会让双方陷入纠缠不清的困境。

语文素养大赛开始时，L老师在现场，也了解比赛规则。努力回想了一下，他试着变一个角度引导，问道："你说把他手剁了，是说自己班级同学，还是其他班级同学？"

小Y表示是其他班的。

L老师一下明白了她这么喊话的意图："是不是其他班级的同学在抢答时举手特别快，而你们班参赛选手举手特别慢？"

小Y抬头看了L老师一眼，说："是的。"

"看来，你还是有班级荣誉感的。你是想让其他班的同学举手慢一点，自己班的同学举手快一点，能抢到回答问题的机会，对吗？"

小Y说："是呀，那个参赛选手举手太快了！"

"小W老师还说你不停地喊：'不公平、不公平'，是怎么回事呢？"

小Y说："本来就不公平。一个班级就两位选手，这个班级若获得团体第一名，一位选手拿到'战神之神'奖，另一个获得'战神'奖，这样不公平。因为只有主力选手厉害，另一位选手并不厉害，应该把'战神'奖给团体第二的主力队员，这样才公平。"

沟通至此，L老师发现，这是一个"心直口快"，说话非常直接，完全没有考虑说话场合，表达方式是否合适，语言运用是否恰当的孩子。

引导反思阶段：自我感悟，"看见"问题

"在这个问题上，老师也认为你很有道理，我相信其他老师若明白你的这个想法，也会认同，但为什么你这么有道理，却会被维持秩序的小W老师定义为破坏纪律呢？"

小Y表示自己也不知道。

显然她意识到了自己的错误，却不愿意直接承认。

L老师引导她一起分析："当时领奖的同学们都已经站到舞台上接受表

彰了，你在台下不管怎么喊，都不可能把奖项重新进行分配。你可以向组委会提建议，班主任小 C 老师就是该场比赛的主持人。若会后你把你的意见反馈给她，她肯定表扬你！"

小 Y 没有回答。

L 老师说："还有你大喊'把他手剁了'，你觉得这样大喊妥当吗？"

小 Y 表示不妥当。

"是呀，不仅没有用，还会给同学和老师带来什么感觉呢？"

小 Y 说："还会让同学和老师误会，觉得我很暴力！"

"现在理解班主任小 C 老师为什么冲你发火了吧？若你真控制不了想要喊，可以改变方式，不要对其他班级同学喊话，而是对自己班级同学，你知道可以怎么做吗？

小 Y 不确定地说："喊加油？"

"对呀，这样老师还会觉得你破坏纪律，同学们还会觉得你暴力吗？"

小 Y 明显地顿了一下，然后表示好像不会了！

L 老师引导小 Y："以后需要学会文明地表达自己的想法。本来是支持班级的喊话，一个能受到表扬的建议，被你用这种方式喊，反而变成暴力宣泄和破坏纪律了。你认为现场维持秩序的小 W 老师，看到你这样会不会过来制止你呢？"

小 Y 陷入了长时间的沉默，似乎有所感悟。

启迪自我反思、自我改变的最好方式，是引导她"看见"问题，充分感受怎样做才是"最好"的。

解决问题阶段：预见未来，学会自控

见小 Y 已经有所触动，需要直面"杀老师，再跳楼"这个最严重的问题："你对老师真有那么大的仇恨吗？"

"老师说要写最差的评语，我最期待的就是去读外国语学校。"

"想一想，当时老师在什么情况下说的这句话？"

"小 W 老师告诉小 C 老师，说我在会场里大喊大叫的情况下。"小 Y 若有所悟地说。

"现在换你是小 C 老师，你会怎么做？"L 老师把选择权交给了小 Y。

小 Y 又陷入了沉默。

"你现在还想跳楼吗？"

小 Y 出乎意料地回答："还想。"

L 老师很不解地问："为什么？"

小 Y 说："我跳下去，就是想让老师被媒体曝光。"

诧异于这个女生的思想竟然如此极端，L 老师觉得今天必须引导她学会思考。于是，L 老师把她带到窗边。办公室在三楼，向窗外望去，对面正好是操场，蓝天白云，阳光很好，操场上有很多学生在运动。

"你看，这么多同学，笑得那么灿烂，这么美好，老师经常会留恋这样温暖的场景。你再低头看，下面是水泥地，如果你跳下去，会是什么结果？"

小 Y 低头说不知道。

L 老师说："会有两种结果，一种结果是你整个人都没了。"他停顿了一下，观察小 Y 的反应，竟然看不到她有什么反应，说明她对这句话有很强的"免疫力"。"这种情况真发生了，老师会被曝光，内心会很自责，很煎熬，但过段时间，老师还得坚强地生活下去，此时最遗憾、最难受的人是谁？知道吗？"

小 Y 说："是我的爸爸妈妈。"

"对，是最爱你的人，他们会最伤心。"L 老师看到小 Y 眉头皱了一下，继续说，"你跳下去，还有一种结果，就是你人还在，但身上的一部分器官没了。"我看到小 Y 身体抖了一下。"老师呢，也会被曝光，也还是很难过，但此时最痛苦的人是谁，你知道吗？"

小 Y 蔫蔫地说："是我。"

"对，你用自己可能一辈子的痛苦，换来老师的一次曝光。你觉得值得吗？"

小 Y 摇了摇头。

这次摇头，说明孩子的内心受到了触到，意识到自己情绪冲动下的举动是疯狂的，预见了事件结果，会彻底冷静下来反思自己的行为。

后续教育阶段：立足改变，持续跟进

带着小 Y 回到座位上，L 老师觉得需要让她好好思考并理解刚才的那番话。于是，起身又倒了一杯水给她，她喝了一口。L 老师转移了话题，说道："你跟班级同学的关系好吗？"

"挺好的。但对同学，有时很烦他们，他们最近说脏话有点儿多。"

"说了什么脏话？"

"我很难说出口。"

L 老师让小 Y 把同学们说的脏话写出来，一来缓解情绪，二来有效转移刚才的话题。她写了半天，最后写了一组英文字母，说自己实在写不了，就用那句脏话的首字母来代替。

"看来你还是一个非常有修养的孩子，还比较维护同学。"

小 Y 笑了一下。

"那你跟老师们的关系好吗？"

"不是很好，老师们都针对我。"

"其实，你也看到了，像今天这样，老师应该不是针对你，而是老师可能不理解你所做的事。你不觉得在很多事情上，只需要改变一下方式，用老师们也认同的方式来处理，不是更好吗？想不想也取得老师们的谅解？"

小 Y 点点头。

"如果你向各位老师坦诚，自己不妥当之处，并表达歉意，老师们会原谅你吗？"

"应该会的。"

"你愿意跟所有老师去沟通吗？"

"好像很难为情……但我可以写出来，然后交给老师们，可以吗？"

"可以的，如果你觉得有需要，老师可以帮忙。"L 老师笑了，看见她也笑了。

L 老师又问道："你现在，还想跳楼吗？"

"不想了！"

L 老师联系了小 Y 的父母，通过沟通达成了共识：父母在跟小 Y 交流时，注意她语言背后的意图，做好小 Y 语言表达方式的引导工作。

之后，小 Y 也慢慢学会了更好地表达自己的想法，偏激的语言慢慢减少了，冲动的性格也慢慢有了改变。

危机事件具有一定的复杂性，教师不能急于求成，亦不可"一劳永逸"，应分阶段引导，把复杂问题阶段化：从化解情绪开始，小心翼翼地走近学生，缓缓解开学生的心结；引导学生在反思中豁然、明理，学会面对问题；最后综合家庭等各方教育，指导学生学会自控，更好地付诸行动，让更多可能出现的危机消弭于萌芽中。

"直面问题"启迪学生自醒

成长中的学生，情感逐渐丰富，整个人开始变得有主见，更为敏感。他们在面对一些问题时，常因自卑、自尊心及逆反心理等因素，出现不愿配合、不愿面对或不愿意承认等情况，导致问题解决变得更加复杂。"过程再现—看见诚意—转换角色—引人入胜"四个方略，可以引领学生直面问题，以耐心引导明理，及时帮助学生解决问题，启迪自我醒悟，建立正确的自我认知。

过程再现，启迪自爱自制

学生会因过于自我保护及不懂礼让等原因发生争吵，甚至演变成打架斗殴等严重事件。虽事后后悔莫及，追溯缘由，大多是学生在发生冲突时，双方不肯认输，不懂如何处理和解决发生在眼前的事情。

过程再现，是利用学生冲突之后，在征求学生同意和配合进行的还原冲突过程的视频录制，以此作为教育素材，通过解析引导学生有效控制自己的情绪。

观看视频1：一天中午，小W匆匆忙忙赶回教室上午自习。走进教室，小W看到自己课桌上的书不知被谁碰倒了，心里极为不悦，大喊："这是谁弄的，也不整理一下！"在他埋头理书时，小Z准备去借书，不想拐弯，想偷个懒从小W的座位旁挤过去，而小W正因为书被别人经过时碰地上心里不高兴，就不让小Z过。一个要过，一个偏不让，结果发生了争执。

后来，小W居然动起了手，将小Z打倒在地。

老师引导：这是一则再现视频，谢谢两位同学的配合和大度，让我们有机会回看这个过程。看了视频，你们有什么感受？

学生纷纷发表了自己的意见：小W发脾气是因为有同学碰倒他桌上的书，没有必要牵连到小Z；小Z看到小W的情况可以回避一下。总之，两个同学脾气都不太好，冲动导致了原本可以避免的一次打架。

老师引导：这样会产生什么后果？

学生表示，同学之间的关系会不融洽，朋友会越来越少，而且有些人还会伤害自己的身体，甚至走向犯罪。

老师出示相关新闻资料：坏情绪影响人的健康，75%的颈椎痛、80%的头痛、99%的腹胀以及90%的疲劳都由坏情绪引起；《齐鲁晚报》报道，一名男生跟同学闹矛盾，后打架斗殴，刺死了同学；《成都商报》报道，张某过马路时与人发生争执，打伤了人导致对方昏迷，结果张某赔偿了47万元，还因构成犯罪被判有期徒刑三年。

学生纷纷表示，坏情绪百害无一利，伤害同学也伤害自己。就如何应对坏情绪，学生纷纷发表了自己的看法。

观看视频2：两个孩子发生了争执，其中一个孩子默默地数数，深呼吸，再理性说话。

学生表示，视频里的这个同学，先深呼吸，努力平复情绪后再去跟同学对话、处理事情，这样双方就不会争吵了。最后，学生小结了处理矛盾的方法：平稳情绪、保持微笑、懂得道歉、情绪转移等。

教师要寻找学生日常生活中的真实事件，进行回顾性的模拟拍摄，利用"过程再现"引导学生正视整个过程，从中找到预防冲突的关键点，挖掘学生内心的真实想法，让学生学会采用正确的态度和方法应对情绪，学会自爱自制，有效化解，预防冲突。

看见诚意，启迪自敬自律

生生之间的矛盾，往往都是因为双方不肯认输造成的；或因一方不懂道歉或是不肯道歉，让双方矛盾激化。可有时学生明白该如何做，但在发生冲突的时候开不了道歉的口，从而让事情陷入了僵局。如何恰当地表达歉意，是一门学问。

看见诚意，是化解矛盾的重要途径之一。利用有诚意的歉意表达，更能化矛盾于无形之中。

一次课前，小 Y 哭了，其他同学说是被小 Q"打"哭的，小 Q 拼命解释，说自己只是轻轻地在小 Y 的头上比画比画，她就哭了。一般情况下，老师都会维护弱者，既然小 Y 在哭，就问小 Q 该怎么办。小 Q 一脸为难地说自己也不知道该怎么办。老师把问题抛给大家，学生纷纷表示小 Q 应该道歉。也许是迫于大家的压力，小 Q 有点儿不情愿地起身，去小 Y 那儿生硬地丢下一声："对不起。"小 Y 听了哭得更凶了。此时老师也是暗暗着急，没有诚意的道歉让小 Y 更委屈，可是小 Q 也如大家所愿已经道歉了，怎么办？老师笑了笑说："唉！小 Q 呀，道歉怎能那么没有诚意呢？道歉应该是这样的，看老师给你示范。"老师开始示范："对不起呀，小 Y，刚才我不是故意的。"老师鞠了一大躬，"我在这儿给你道歉了呀！"又鞠了一大躬。学生开始笑了。"我保证，以后再也不做那些对不起你的事儿了！"老师很夸张地鞠了一大躬，发现小 Q 笑得不行。"而且，我保证以后永远保护你。"老师继续鞠躬。学生开始哄堂大笑，小 Y 也笑了。老师继续说："我还想保护你 100 年，所以，我准备活 200 年。"老师鞠完躬，夸张地大口喘气，学生则笑得前俯后仰。等学生稍稍平息，老师郑重其事地对小 Q 说："你会了吗？试着做一下。"小 Q 学着老师的样子照做一遍，不仅学得挺像，而且还夸大了用词："我还想保护你 200 年，所以，我准备活 400 年。"看来小 Q 也是一个挺有幽默感的男孩。在老师的一句"那岂不成了老妖怪了"中，大家哄堂大笑，小 Y 也笑了。那节课小 Q 格外专注。渐渐地，老师发现班级开始流行这种道歉方式，不时有学生来一句"保护你一千年，我准备活两千年"，学生之间的矛盾也少了很多。

表达诚意时，适当使用一些夸张的体态和语言，利用幽默夸张的方式去博对方一笑，不仅能不露痕迹地掩盖自己的那一丝尴尬，更能不丢面子地展现自己的诚意，拉近了人与人之间的距离，更体现了自敬和自律。

转换角色，启迪自明自纠

处于青春期的孩子，显得更加难以说服，若遭遇误解，往往情绪容易波动，异常暴躁，倔强而难以沟通，有时还不看对象，甚至不计后果地"破罐子破摔"，让人不可理解，大感意外。

小 C 和一个年级比他小、个头比他矮的 B 同学发生了冲突，5 分钟内欺负对方两次，还不知悔改。值日老师把他拉到学校德育处。小 C 对值日老师极不服气，甚至对值日老师也很嚣张，一副想怎样就怎样的样子。经过德育处老师了解，事情经过如下：B 同学在跑道旁的沙坑垒了一个"沙人"，被跑步经过于此的小 C 不小心踩坏，小 C 还跑开了。B 同学便跑去告诉值日老师。值日老师提醒小 C 要注意爱护他人的劳动成果。小 C 说了一句"好的"，就和同伴跑开了。由于 B 同学认为小 C 没有道歉，就抓了一把沙子，疾步追上，朝小 C 撒去。小 C 上去揪住 B 同学理论，结果又正好被值日老师看见，被狠狠地批评不能以大欺小。由于对值日老师的批评不服，小 C 当场大喊"你眼睛瞎了"，以表达对值日老师的不满，所以就被请到了德育处。德育处老师没有纠缠细节，而是把问题抛给了小 C，让他从值日老师的角度去思考，他看到了什么，并从值日老师的角度去谈谈，他会怎样解决。之后，德育处老师引导小 C 多站在值日老师的视角进行反思，让小 C 明白了自己不该向值日老师发脾气，而需要等值日老师批评完了，自己再把整件事情讲清楚，以便让值日老师了解自己当时的情绪，让值日老师能理性地看待双方的问题。之后，小 C 就如何避免事件发生做了梳理和假设。最后，他自己主动提出去向值日老师道歉和解释，顺便和值日老师一起去找 B 同学握了个手，表达了自己对这件事的看法。值日老师接受了他的道歉也表达了对小 C 的歉意，并教育了 B 同学。自此以后，小 C 遇事冷静了很多。

通过转换角色，犯错误的学生可全面地洞察整个过程，体会到各方情绪，察觉到自己并"看见"自己的错误所在，认真反省，变得理性和冷静。

引人入胜，启迪自尊自强

在引导和应对学生因攀比或自卑产生的困惑时，教师需要充分利用贴近真实的情境，变"苍白说教"为"引人入胜"，变"简单制止"为"深刻体验"，呵护学生的自尊，引导学生自立自强，让教育变得更温暖、深邃，更合乎情理，更有人情味。

小 D 是单亲家庭的孩子，平时跟着奶奶。奶奶什么都不懂，甚至不能很好地用普通话沟通。爸爸是一位出租车司机，早出晚归，无暇顾及小 D 的学习。这个学期开学初，任课教师发现个别学生偷偷带零食，课间时有学生在分享零食，在班主任强调之后好了一段时间。之后，小 D 连续购买诸如"辣条"等重口味的不健康食品，一次在上课期间与同桌分享被其他同学发现。为了堵住其他同学的嘴，小 D 不得不分享他的"辣条"。不料，其他同学课间吃"辣条"，导致教室里充满"辣条"味，结果被班主任发现。小 D 说，是爸爸给的零用钱，因为之前吃了同桌的零食，需要还人情，所以买了，保证下次不再购买"辣条"等不健康食品。可是，后来小 D 还是未能控制自己，又一次带了"辣条"，在跟好友分享时被同学发现。

班主任跟小 D 爸爸交流时，爸爸非常惊讶，说自己平时并没有给小 D 零用钱，就是上次外出春游时，没有给小 D 准备食物，就给了 50 元。"老师呀！我什么都不懂，求您帮忙教育教育他。"爸爸辛苦劳作赚钱不易，没有零花钱的小 D，应该是羡慕同学有用不完的零花钱。这本来用以购买食品的 50 元，被小 D 连续购买了几十包"辣条"，以回馈同学，看来小 D 也是煞费苦心。放学后，班主任留下小 D 和一帮吃到"辣条"的伙伴，拿出了一堆蛋糕、饼干、豆干等零食。"来！这是小D爸爸购买的，感谢上次大家在春游的时候，跟小D分享了你们的食物。爸爸提醒小D以后再也不能吃'辣条'了，太不健康，尤其注意不能带零食到学校。"小D非常惊讶，默默地低着头，不敢看班主任。等大家离开了，班主任问小D："家住哪儿？平时怎么回家呀？爸爸来接你吗？"小D摇了摇头说："住××那边，平时都是自己回家。""跟老师家在同一个方向，今天老师要'打的'回去，我们一起走吧！"在校门口不远处，师生俩就打上了一辆出租车，司机是一位50多岁的老师傅。上车后，班主任就向师傅打听生意情况。老师傅很感叹，说现在生意难做，大家都有私家车，尤其是新冠疫情的影响，大家外出较少，有时自己转悠半天都接不了几个客人，一天下来除去油费和租车费，剩不了多少钱。最后，他还不忘感谢我们今天照顾他的生意。在小D家附近，师生俩下了车，付了13元车费。看着出租车师傅离开，班主任问小D："你爸爸好像也是开出租车，对吧？生意情况，你知道吗？""是，没有问过。"小D的声音很小。"可以问问爸爸，再关心一下爸爸的身体情况，好吗？"班主任继续说。"好！"小D的声音更小了。之后，小D没有再乱花钱，学习比之前更加刻苦了。

  教师需要创设学生适切的"引人入胜"的情境，以保护自尊、呵护心灵的纠错方式，自然、尊重地走进学生内心，真正地实现"以生为本"的和谐教育，帮助学生走出困境，引领学生自尊自强。

"多面触感"促使走向友好

学生因遗传因素及成长过程中的教育环境因素，形成了独具个性的脾气、秉性，以及对事物的独特理解，在与伙伴交往时表现出不同的方式，或友好，或冷漠，或攻击。对于一些有攻击性的学生来说，其自我防御意识过强，总觉得自己被侵犯，改变其自我认识和应对方式非常关键。"感触心灵—感受友善—感化情谊—感怀爱心—感化他人"的"多面触感"，可以促使学生放下成见，感受友情的魅力，心怀善意，走向友好。

"看见"自我，感触心灵

任何自我反省，都需要在"看见"自我，尤其是"看见"不认同的自我时，感触最为深刻。创设一个人有情绪时的表现情境，让自己冷静时"看看"，会获得不同的感悟。有感，才会有思，才会有改变自我的可能。

如何创设"看见"自己的情境呢？需要捕捉真实的细节。接手新班前，班主任就听说班上流行着这样一句话：小P打架不是新闻，不打架才是新闻。果不其然，接班才两周，小P就有多次打架行为，而且一次比一次严重。每次找他谈话，他都信誓旦旦地表示一定要改过自新，可没过多久又故态复萌。在与小P家长交谈后，班主任了解到：小P从小脾气就暴躁，且性格极其倔强，导致他无法与家长正常沟通，于是暴力便成了他父母唯一的教育手段。获悉此情况后，班主任一改之前对小P的偏见，开始留心观察他平日里的一言一行，积极寻找教育他的突破口。在班主任看来，若想让学生改正错误，首先要让其知道错在哪里。一次，小P因小事与小X争吵并大打出手。思考再三，班主任觉得让打架事件"回放"一下，以促使小P自我反思。于是，班主任请了当时在场的两个学生来模仿他们俩打架的整个过程。模仿小P的学生，把小P当时龇牙咧嘴、"凶神恶煞"的模样，手拿起乒乓球拍恶狠狠地砸向小X时粗野鲁莽的动作，模仿得惟妙惟肖。逼真的表演，引起了同学们的阵阵哄笑……在此期间，班主任时刻关注小P，看到他从起初的不敢正视到坦然面对，从一脸茫然到偷笑不已。想来他已经有所感悟了。事后，班主任找到小P询问有何感受。他回答说，觉得自己打架很难看，表示不想在同学面前再出丑，并下决心改过。没有人愿意把自己不好的一面展现在同学面前，看来小P还是有所触动。

悟，从思开始，思从感中得，感从见中获。教育中的改变，需要讲究感同身受，让事件"回放"，促使学生"看见"平时看不见的那个自我，感触心灵，从中反思，深刻启迪。

集体接纳，感受友善

善意启迪善意。爱攻击的人，是感受到自我受到了一定胁迫或被冤枉时的一种"被迫"或委屈的反击，通常这样的个体不善于理解同伴的善意，需要创设善意，让其真切感受，才能帮助其真正去体会。

教育者的引领，起到了价值观的导向作用，能形成一种舆论氛围。如果说"事件回放"令班主任对小P的教育迈出了第一步，那么接下来，班主任要做的就是进行舆论引导，先消除大家对小P的畏惧，同时让小P感受到集体的温暖和同学的友善。于是，班主任特意召开了班会，让大家围绕"这次打架可以避免吗？我可以做些什么？"的主题进行讨论。有人说："大家一起努力杜绝打架事件。一旦有同学之间发生冲突，要立即劝阻，以免事态严重。"也有人说："我们是一个集体，应该宽容、友善地对待集体中的每一个人。"见小P一言不发，班主任知道这些话是大家说给小P听的，但小P未必能解读到其中的含义，于是说道："小P经常打架是他的不对，但他也是我们集体的一分子，大家能原谅他吗？"教室里顿时一片寂静。"可以原谅，谁都有犯错的时候，只要肯改就行！"班长率先打破了平静。一石激起千层浪，开始有学生鼓励小P，并细数其热情大方、慷慨仗义等优点，最后大家集体表决：原谅小P！此时，班主任看到小P已是泪眼婆娑。他以为同学们会"落井下石"，却发现大家不仅接纳了自己，还说出了自己都没有发现的优点。他被大家触摸到了内心柔软之处，一时间感激涕零。

接纳，有无穷的魅力，如暖风般化开坚硬的"冰"心。没有人愿意把自己置于集体之外。向好性是本能，遇到危险自卫亦是本能，营造集体接纳的氛围，释放友好，感受友善，是消除敌意、开启善意的最佳模式。

拉近距离，感化情谊

拉近彼此的距离，是深入了解对方、走进对方内心的唯一办法。情谊总是在一次次接近的过程中慢慢增进，感化总是在一次次善意和理解中升华。

要想进一步感化小P，就要先接近他，多关心他，使他逐步消除与老师、同学之间的隔阂，激发他心中向善、向上的一面。班会课后，班主任与小P推心置腹地交谈了一次。谈话中，小P告诉班主任，自己本不想打架，只是想和小X玩，没想到他那么不友好。此时，从小P忧郁的眼神中，班主任读出了两个字——孤独。"你觉得自己很孤独，对吗？"班主任问小P。被班主任这么一问，他哽咽了起来。过了一会儿，小P才小声地说："他们都不跟我玩。""你想有朋友吗？"班主任又问。"嗯！"他点了点头。"刚才好多同学都夸奖你，这说明你有很多优点，以后你肯定能交到很多朋友。不过，老师想做你的第一个朋友，你看行吗？""是真的吗？您愿意做我的朋友？"他一脸惊讶地问。"当然，你力气大，待人热情，老师有好多事情需要你帮忙呢！""好！好！好！"小P兴奋不已。此后，班主任经常与小P沟通交流，而小P也表现得非常积极，主动找班主任聊天，帮助班主任送作业本。看到小P的进步，班主任在欣慰的同时，也在考虑着接下来的工作：帮助他交上更多好朋友。

交往，是深入了解彼此的重要途径。师者需要在学生最需要的时候，扮演那个最重要的角色。只有这样，学生才信赖老师，才能从老师那儿得到帮助，获得同伴的认可，从而融入人群，学会与人交往。

落实帮助，感怀爱心

周边的改变，源自个体自身的改变。你笑了，见到你的人也就笑了；你伸出友善之手，周边的人才会伸出同样友善的手；你用爱去帮助同伴，同伴自然用同样的方式来温暖你。

改变别人，要从改变自己开始。长期以来，小P给人的印象是"打架成性，反复无常"，同学们对他既讨厌又害怕。为了改变这种状况，使他真正融入班集体，学会与他人相处，班主任必须让他学着去爱。一天，刚刚病愈的小Q在做值日（打扫走廊），班主任就赶紧叫来小P，悄悄地对他说："小Q才刚刚康复，你能帮帮他吗？"小P点头，急忙从小Q手中接过拖把，认真地擦起地来。这时，班主任走进教室对同学们说："小P帮助有困难的同学值日，我们是不是该给他一些鼓励呢？"学生们齐声回答："好！"待小P走进教室，教室里就响起了热烈的掌声。小P脸"唰"地红了，不好意思地回到自己的座位上。从这之后，小P开始主动帮助同学。每次得到同学们的赞许后，他都会开心地向班主任汇报。此时，我们看到，是鼓励和表扬激发了小P的爱心和责任心，让人庆幸的是，他坚持了下来。一次课间，小P来帮班主任擦桌子，正好碰到了他以前的班主任N老师。N老师惊奇地说："咦！这不是小P吗，他怎么会在这里帮忙？""他最近一直这样，表现很好。"同事笑着回应。班主任开心地笑了笑，转头看看小P，只见小P一脸的自豪。

是的，帮助别人不仅让小P受到大家的尊重和欢迎，更唤起了他的爱心。从落实他对同伴的帮助开始，以马上得到同伴认可的激励方式，一步步引领，让个体感受到从未领略过的"付出爱心得到认可"的那种温暖，激发了向上、向善的力量。

架起心桥，感化他人

生生之间的友好，不能只停留在口头附和或表面的行动上，需要架起心桥，让生生之间产生自我需求，获取自我吸引力，才能得到真正的友谊。

渐渐地，班主任发现大家开始欢迎小P的加入，也发现小P能和大伙开心地聊上几句。但大多时候，班主任发现小P还是皱着眉头，孤独一人，不免有一丝忧虑，看来必须让小P找到真正的朋友。一次课堂上，大家正在阅读，班主任发现小P在伏案写着什么，见老师过来赶紧收了起来。虽然班主任不知道小P写了些什么，可还是给了老师启示，何不让他把心里话写出来与大家分享呢？于是在班主任的提议下，班级开展了"愿望漂流卡"活动，学生间传递"漂流卡"，每个人可以在上面写下自己的心里话或愿望。小P的愿望是与小C做朋友，并希望他能帮助自己辅导作业。在班主任的极力撮合以及全班同学的关注、期待下，两个孩子最终成了"结对伙伴"。在学习上，小C给小P做了很多辅导；而生活和班级服务上，小P也给予小C很多帮助。随着交往的不断深入，两人的关系也越来越好。可喜的是，不断有同学加入到他们的交往圈子。一个学期过去了，那个暴脾气、爱打架的小P不见了，迎来的是一个尊敬师长、热爱集体、乐于助人的好少年。放下"攻击"，走向友好的小P不仅用真诚和热心赢得了大家的尊重和赞扬，而且通过努力，成绩由下游跃为中游，并在学期末获"学习进步奖"，连他的父母都不禁感叹："实在太不可思议了！"

融入有时非常简单，敞开心扉即可。在单纯的学生时代，生生之间的交往没有那么多的利益纠葛，你对我好，我就对你好，创设一种友好的氛围，让学生收获同样的"友好"，感悟到"友好"的意义。

教育，就是一种"感"，是用心的感触，是深刻的感受，是莫名的感动，是油然的感怀，更是震撼的感化。爱需要学习，善亦需要掌握，只有把爱和善内化于心，才能真正践于行。

"柔和坚决"助力学生自控

出现行为问题的学生，其内心都期待教育者能温和柔软地对待；而教育者却内心担忧，若屡屡轻易"放过"学生，会导致学生问题的重复出现，希望能以"雷霆之势"迅速震慑。两种不同心态，会成为师生之间的矛盾点和纠纷点，大家需要理性地寻找一种平衡。这个平衡点就是"坚决+柔和"的对策：在解决问题上，要有"坚决"的教育态度；在对待学生个体上，要有"柔和"的应对方式。

坚决的态度

态度决定一切，发生问题的学生特别会"察言观色"，注意老师的一举一动：若老师和颜悦色，则学生感到没惹老师生气，错误不会很大；若老师发雷霆之怒，则学生感到大事不妙。教育者的态度，是学生能否克制自我的决定因素。

1. 保持理性，深度了解唤醒觉悟

面对学生的问题，教师首先要冷静，不要激动于学生问题的发生，而要分析问题原因，如为什么会发生，问题的类型等，以便寻找恰当的解决方案。

坚决的态度，渗透在理性了解上。有一天清晨，德育处老师看到教学楼下的一棵树上挂着一个黑色垃圾袋，他判断一楼二楼的教室没有这个高

度，应该是三楼或四楼的教室里丢出来的。他便找了两个教室所在班级的卫生委员询问，结果两个人都不是非常清楚；找值日生、找班长都不清楚。德育处老师深入两个班级，动之以情，晓之以理，希望同学们能敢作敢当，主动承认错误。一天过去了，仍然没有结果。为避免学生抱有侥幸心理，德育处老师没有放弃，决定从班级当日值日生入手，于是分别跟两个班级的值日生再谈话："你几点丢的垃圾，丢在哪儿？谁证明你去丢的垃圾？"结果，四楼班级的值日生支支吾吾地说，当日是自己值日，可垃圾是让 K 同学帮忙丢的。K 同学来了之后，开始说自己把垃圾丢到"垃圾屋"；在问到"谁看到你去丢，是否分类，怎么分"时，他终于承认自己并没有送到"垃圾屋"，委屈地表示自己并不是值日生，每次都有值日生让他去丢垃圾，那天自己很生气就直接丢到窗外去了。事情终于了解清楚了：小 K 说自己其实非常内疚，一直在做思想斗争，要不要承认，但因为之前学校有过乱丢水果和垃圾的事情，老师们都不了了之，于是抱着侥幸心理，但现在知道错了。他说自己保证改过，并愿意通过为校园做服务来表达自己的诚意。德育处老师表示："既然已经认识到错误，相信你能行，但反思的同学不应该仅你一个，你应该同意把这件事让全班同学一起讨论吧！"小 K 有点儿担忧，是否会连累同学。在德育处老师"你也听听其他同学怎么说吧"的坚持下，班级同学一起讨论两个问题：为什么会发生这种事情？之后怎么办？青少年学生有自己的思考和判断：个别同学没有尽职，强迫他人代劳，造成他人不满而泄愤；全班同学没有起到监督作用；几个当事同学带头为校园做义务劳动或公益服务，全班同学适时参与。

促进学生问题行为的改进，需要换得学生的反思和认同，理性洞察学生发生问题的原因，深度启发学生看见问题发生的过程，唤起学生对错误的反思及改进决心，以助力学生在解决问题中成长。

2. 坚持跟进，严肃对待错误之事

学生产生问题之后，教育者需要坚持跟进，尤其需要坚决地要求并督促学生改变错误态度和问题行为，直到学生学会自我克制，只有这样才能

真正深刻体会"说易行难",避免问题的再次发生。

坚决的态度,呈现在坚持跟进,不轻易因学生有悔意而减弱执行力度,往往"切身之痛"才是避免犯错的真谛。

德育处老师跟小K和几位同学商量后,制定了详细的服务时间,分别是晨读之前、午间休息和晚饭之后,服务内容自然跟卫生相关,按时段分别是:参与校园清洁、垃圾分类督促和××楼道清理,每个时间段都是15分钟/人,坚持3天时间,并约定若有一次没有履行,自行延长一天。第一天,在班级同学的支持和监督下,几位同学很好地完成一天的校园服务之旅;第二天,他们出现了疲倦状态,晨读之前的校园清洁没有去,午间垃圾分类管理没有去。德育处老师做了深入沟通后,只有小K在坚持,因为其他几位学生觉得,是小K愿意替自己丢垃圾,结果丢在树上,应该跟自己没有关系,已经服务一天了,应该也够了。听到几位学生的真实想法,德育处老师表示,既然已经答应了,就不能轻易反悔,这时的诚信比什么都重要;再说班级同学已经讨论小K的行为跟几位同学值日时不履行送垃圾的职责有直接关系,根据约定延长服务一天。学生看到德育处老师如此坚持,也非常无奈。第二天,家长联系上校长,给德育处老师打电话,是不是"意思意思就好,下次一定改过"。德育处老师表示,这是一个很好的让学生兑现承诺的机会,失去了这次经历,也许就失去了一个可贵的品质,希望家长能够理解。小K主动加一天服务,另外几位学生再也没找理由缺席服务。四天的坚持,和其中一个午间全部学生的参与,换来了这个班级学生之后每周常规竞赛的连续第一。除了这个学期因这次事件没有获得优秀班级之外,之后班级连续获得了优秀班级。

坚持,是一种信念,尤其是在对待学生兑现自己改变的反思过程中,不能轻易因学生的不遵守或是不理解而放弃。轻易放弃,会失去更多。

柔和的方式

以温和的态度对待学生问题,利于学生情绪稳定、配合解决问题,解决任何一种学生行为问题，不对学生个体上纲上线或人格否定，应就事论事，做到人与事分离，一起面对需要解决的问题。

1. 柔和应对，友善对待学生本人

解决问题，先解决情绪。柔和应对是拨开情绪迷雾、"看见"学生、缓解焦躁的重要方式，亦是教育引领过程中获取学生认同，换得学生更主动面对问题、解决问题的重要态度。

学生问题很多时候一般因处理不当变得更严重。伴随着情绪的发生，教育者解决问题时如何做到不针对人呢？答案是采取柔和态度，能让学生看见教育者的诚意。小K乱丢事件开始阶段，在德育处老师了解事件过程中，他是不愿意承认的，为什么后面会承认呢？小K事后在一次周记中写道："那一次，××让我帮忙丢垃圾，我非常气愤，为什么总是我，心真的好累！正好没人看见，我就把垃圾丢到窗外。后来不敢承认，一是怕同学们嘲笑，二是怕被批评和惩罚。在之前的学校，有一次我承认了错误被老师狠狠批评不说，还被爸爸重重地惩罚，想想之后不承认不就没事了吗？……看到德育处老师在了解事件过程中，他似乎没有那么生气，那么和颜悦色地跟我们交谈。我慢慢意识到老师那么坚持，的确是自己做得不好，就试着承认了，但如果被严厉惩罚，下次一定要找个机会'报复'，不可能每次都被查到。……感谢德育处老师的公平处理，而且同学并没有怪罪我，是一件幸运的事，我是心甘情愿为大家服务的。和几位以前自己不愿意干就把事情丢给我的同学一起做服务，自己还觉得挺开心的。……的确，违反承诺并不是一件光荣的事，虽然××策划让我们轮流服务，后来还通过爸爸想让校长帮忙，减少我们的服务时间，但德育处老师似乎没有因为这件事生气，而是有理有据地说服了我们，兑现承诺是一个非常可贵的品质。后来我们实现了承诺。我没有延长服务，但加的那一天服务我是真心的，还被德育处老师肯定了，这是件非常开心的事。……德育处老师能够如此温和而又坚持地对待这件事，让我们深受教育。谢谢老师！"捕捉到小K周记中的几个关键词"公平""温和""坚持"，老师们甚是欣慰。

在应对学生问题的过程中，学生时刻能感受到教育者的情绪，会因此而调整自己的行为。柔和方式，能让学生感受到善意，感受到教育者帮助自己的坦诚；能引领学生共同去应对问题，解决问题。

2. 善于勉励，点燃希望换回认同

勉励，是一种柔和并极具激励性的教育方式。在解决学生问题时，坚持结合亮点和相信学生的勉励，让学生感受到自己在老师的眼里是"可以的""积极的"或"不错的"，唤起学生对教育的认同，并以正面的方式来要求自己，获得改变。

给学生明确的积极和肯定的指向，让学生看到自己被认可的一面，从而积极改变。小K丢垃圾事件中，第二天，几个参与服务的学生都在轮换休息的时刻"耍了心机"，只有小K愿意坚持。在被问及为什么时，小K说是源自德育处老师的"相信你能行"，他说自己被这句对他非常信任的话点燃了希望，觉得自己不能辜负这种信任，于是选择了坚持。

勉励，就是激励学生积极前行。曾记得一位班级常规建设备受推崇的班主任，她的教育方式就是"柔和地勉励"，坚持不懈，直到学生修正自己的行为。一次，她班上的一位学生没有戴红领巾，她就持续不断地给学生宣讲红领巾的重要性——"你怎么没有戴红领巾呢？能跟老师说说红领巾的意义吗？"学生表示："红领巾是红旗的一角，是战士的鲜血染成的，代表革命烈士抛头颅洒热血，代表革命的崇高意义。""对呀，你的领会非常深刻呀！那为什么今天会忘记了呢？革命烈士为我们今天的幸福牺牲了自我，我们要珍惜，要倍加呵护。说说看，你应该怎么做？"学生说："所以，应该要天天戴、时时戴，要让红领巾备受呵护。而且要多准备几条红领巾，以备不时之需。"她就这样不断重复地跟进，直到孩子感悟，并有真正的改变，才会停止。她的"柔和"方式及"坚决"要求学生改正的态度，取得了非常好的常规管理效果——班上的学生文明尚礼，常规竞赛得分总是位列全校第一。

柔和地勉励，以柔和的方式走进学生心灵，唤起学生对错误的反思，启迪学生感悟，学会解决问题，点燃学生坚持的希望，预防问题的再次发生。

应对学生问题，教育者需要深入分析问题发生原因，采用柔和的方式洞见学生的心理动态，体察学生内心的需求；坚决的态度，让学生明白改正的重要性，避免出现同样的问题，以获得长足改变。

"正面教育"促进自我约束

学生的自我约束,并不是与生俱来的,需要在日常的教育与管理中培养。正面教育立足于学生行为问题现状,提高学生的思想觉悟,让学生意识到自我约束的意义,从外部管理让学生能自觉约束自我,达到"内外兼修"、知行合一。"正面宣传—正面引导—正面管理—正面激励"四大正面教育方式,从内到外让学生形成自悟力、自制力、自控力和自律力,达到立德修身的目的。

正面宣传,学会自我教育

正面宣传引领向上精神,及时的教育指导正确行为,良好的教育环境影响意识,最终让学生形成了"与生俱来"的、能"一点就通,一说就会,一看就懂"的自悟力,一种境界最高的自我教育能力。

正面宣传的教育力,能无痕地渗入到精神深处,刻在骨髓中,这也是"教育,从娃娃抓起"的原因。从社会层面,共产党缔造新中国,歌曲《没有共产党就没有新中国》的传唱,让儿童铭记在心;一个人的家国情怀,形成于日常点滴,观看运动员为国争光、升国旗奏国歌,激发了学生内在的情感,让每个学生都有了国家的概念;三位宇航员入驻我们中国自己的空间站,让学生感叹祖国的强大;国家以人为本的抗疫、共同富裕的理念,让学生认识到祖国的伟大;国家不惧强敌,勇敢面对贸易战,《长津湖》《战狼2》《红海行动》等爱国主义影片,激发了学生报效祖国的热诚。正面宣传，是激发学生内在情感、达成自我教育的最佳途径之一。

正面宣传体现在对孩子教育的细节上，点滴的正面教育形成了自我概念。家庭方面，家长可挖掘向上向善的平凡小事，进行可感可触的正面宣传。如，在玩耍后要洗手，不然手上会有细菌；见到客人要学会礼貌表达，这样大家才会喜欢你；学会关心、关爱和孝敬爷爷奶奶，孩子自然会孝顺父母；提醒孩子多阅读能提升自身文化涵养，孩子自然酷爱读书；新冠疫情防护中，注重向孩子宣讲医务人员、社区工作人员的担当精神等，孩子的奉献精神自然内化于心……正面宣传，能潜移默化地在孩子的潜意识中根植"讲究卫生""包容孝顺""知书达理""责任担当"的概念，慢慢会成为孩子的一种自觉。

正面宣传无处不在，蕴含于日常氛围营造中。如学校方面，校园的板报、广播、国旗下讲话、班会课等，适时地对学生进行正面宣传，结合"国难纪念日""热点新闻"进行爱国主义精神宣传教育，结合"校园光荣榜""优秀作品展""荣誉颁奖礼"等集体主义荣耀宣传，"见到老师同学问好""集会上课遵守纪律""公共场合注意卫生"等日常规则意识宣传，"光盘行动""垃圾分类""低碳生活"等环保主义概念渗透，"每日运动一小时，健康生活一辈子""爱护眼睛，守护光明""均衡饮食"等健康主义理念……系列化的宣传教育，无痕化地形成积极向上的氛围，内化为学生的潜意识概念。

正面宣传，从细微处着手，让人浸润其中深受感悟，善于从"小"处着手，从"小"上改变意识。只有让有目的的宣传无处不在，方能以"润物无声"的方式，让学生在无形中形成一种"本应如此"的自我感悟力，达到自我教育的目的。

正面引导，促动自我完善

正面的引导能引领学生自我察觉，具体表现为以生动的内容，多样的形式，通过摆事实、讲道理，引领学生善于从他人行为中去深刻体会，从中反思自己，促动自我完善。

正面引导需要创设一种由心出发的意境，让学生在选择和辨析中发现真相，感悟真情。如青春期的学生不理解父母的行为方式，容易跟父母起冲突，教育者可以这样引导：在日常生活中，与父母相处不融洽，往往也就是因为一句话。当父母对你说出以下这些言语时，你该怎么应对？

（1）为什么你总是整天让我操心，难道你不会变得自立一些吗？

（2）看看你的房间，脏得跟猪窝一样，难道你就不会收拾一下吗？

（3）你看你，整天就知道玩，不知道学习，我怎么生了你这样的孩子呀？

（4）如果你昨天晚上不看电视，怎么会起晚了呢？你总是这样，不懂得如何安排时间！

师：谁能先说说这些话背后的意图？

学生回答，教师补充完善：第一条，希望我们自立一些；第二条，能够把房间整理得井井有条；第三条，不要贪玩，要多学习；第四条，学会克制，能合理安排时间。

师：是呀！他们心里很想我们能够变得更好，所以很着急。你觉得怎样回答最为理想？

小组交流讨论，并把好的方法写下来。

分享技巧：如退一步，先答应下来；主动改正；委婉地把原因解释清楚；多与父母聊天，听听他们的想法；多关心父母，了解他们的难处；主动提议让父母多监督，帮助自己改正缺点；请求父母多帮忙，多提醒……

引导小结：与父母的和谐沟通，从退一步开始。

正面引导需要创设让学生从另一个角度去看清问题背后的意义和真谛的情境。小D上课非常不专注，经常游离于课堂之外，一会儿发呆，一会儿做小动作。由于不能专心，他学习退步了，老师们多次提醒他，但似乎作用不大，他总认为自己课堂上能遵守纪律，也很认真。为了能让他"看见"自我，在征得小D同意之后，老师用手机把小D上课的表现情况进行了录像。看了视频回放，小D恍然醒悟，开始了自我督促。在老师和同伴的帮助下，通过一段时间的努力，小D终于调整到了正常的状态。

正面引导，是换一个角度，换一种思维方式，创设一种学生"看见"自我的情境，引领学生豁然开朗。这要求教育者努力关注学生的细小点滴，以角色演绎的选择、看见自己的场景创设等，引导学生体验，收获感悟，促动自我完善。

正面管理，达到自我监督

日常教育中，我们发现很多学生能够自觉地进行自我监督，让人不禁感叹真是"别人家的孩子"，"自家孩子"为什么会"浑身缺点"？这跟亲密接触、全面了解有关，更跟从小的自我监督和自控力培养有关。

学生自觉遵守纪律，是指在缺乏老师（家长）监督下，还能做到自觉，也就是"老师（家长）在与不在一个样"。什么情况下学生能"自觉"？学生有事可做，所做之事能独立完成，且是自己需要的、感兴趣的，如游戏等。学生若无事可做，所做之事自己不喜欢，老师（家长）又不在，会怎样？曾有人做过实验，告诉学生，让他们安静2分钟。老师在窗外学生不注意的地方观察。刚开始学生还很安静；大约3分钟左右，学生因"无事"可做，开始左顾右盼，看老师还没有来，个别学生开始议论；慢慢地，越来越多的学生参与进来，班干部小A开始大喊："别吵了！"个别学生也跟着大喊，教室里闹哄哄一片。这个吵闹是教师违约、学生不耐烦导致的。日常教学中经常出现这些现象：上课铃声响了，老师迟到；与学生约定好时间，老师没有及时出现等，学生的表现属于失约后的情绪性反应。老师的限定时间和学生的心理承受力成正比，若把时间拉长到5分钟，学生承受能力是5分钟。时间长短，跟学生普遍性自我克制力相关。平时纪律好的班级，时间长一些；纪律一般的班级，可能老师刚出教室，就有学生交头接耳了。

老师（家长）不在，学生怎么进行自我管理？家庭中，家长可以跟孩子商量一个合适的任务完成量，孩子完成后跟家长分享（检查）。班集体则需要建立相互监督的氛围。小助手管理及打分是一个策略，将对学生表现情况的赋分作为各项评优、奖励等评价依据。有效管理的措施如下：一是先提醒，监督员轻轻喊"提醒某同学"，示意学生要遵守规则，需要注意克制自己；二是赋分，若被提醒的学生还是不遵守纪律，给予一定的赋分，并列出赋分理由，供老师管理参考；三是管理，被赋分学生还不遵守纪律怎么办？监督员深入了解，屡被提醒的学生到底什么原因被赋分（扣分），提醒后若遵守纪律可以暂不赋分，让老师来处理；四是温和沟通，监督员的管理技巧是冷静和理性，尊重被提醒学生的意愿，避免管理过程肆意运用"管理权力"造成冲突，演变成喧哗或吵闹局面；五是轮换，让每个学生都有机会参与监督，充分体验监督与被监督，以真实感受提升自我克制力。

学生在体验监督与被监督中，形成自觉力。这既是学生管理能力培育及协调能力增进的过程，也是学生服从管理形成自觉的过程。

正面激励，形成自我修养

自我修养，蕴含于日常的点滴淬炼和培育过程中，重点是教育者运用日常有意识的培养及不断激励和鞭策，激发学生的内在自觉，修正学生的行为，使之拥有良好的自律力。

正面激励的另一面是鞭策，两者相互结合，才是完整的。这个过程一般需要有集体唤醒、个别叮嘱、事项具体、评价跟进和日常训练等环节。

第一，集体唤醒，即激活学生内心自觉向上的信仰，提出目标和规则，让大家去遵守。比如，老师离开前告诉学生：我们班级非常棒，个个都是文明、自觉的好学生，很多老师交口称赞，其他班级同学羡慕不已，因为有像大家这样的学生，让老师感到非常自豪，接下来需要看大家具体表现。这就是以激励激发学生为集体荣誉要求自己内心自觉。第二，个别叮嘱，即对部分学生的重点提醒，在集体激励之后，运用无痕化的询问方式来争取个别需要提醒的学生的意见，或是悄悄地进行个别对象的重点叮嘱，激励个别学生把最好的一面表现出来。第三，事项具体，明确告诉学生需要做什么，具体到先做什么，之后做什么，如先完成哪项作业，再完成哪项，完成后可以阅读或运动，让学生有事可做，知道怎么做，事有巨细，才能落到实处。第四，评价跟进，需要日常管理的跟进，并设立学生管理员进行监督和提醒，把激励与日常管理结合起来，表扬谁，提醒谁，什么原因被表扬或被提醒，激励学生把动力化作可操作的具体措施。第五，日常训练，要有经常性"演练"，创设经常性的有意无意的"不在"机会，进行一些有效的"训练"，运用监督记录表来进行点评和表扬，让学生习惯这种自我监督状态，保持"老师（家长）在与不在一个样"。

正面激励，是激发学生自我监督，自己要求自己，变被动为主动，自觉地遵守一种信念，以信念来约束自己的一言一行，辅助以日常的监督跟进，加以适当的训练，让学生入脑、入心，成为信念，不断坚守。

第五章

捕捉契机,促进改变有效化

"个辅时间"提升良好心态

学生在成长过程中，因缺失生活方面的经验与必要的心理准备，遇到环境突变就学季、人际交往困扰、身心剧变青春期或心理压力障碍点，往往会因经验不足与心理储备不足引起冲击而难以适调，需要"温暖抱抱—纸短情长—热线解忧—私人空间"等个别辅导方式，帮助学生拥有良好心态及心理适应能力，帮助学生渡过难关，坚强面对人生道路上的各种考验与挫折。

温暖抱抱，引领温情融入

对于部分适应力弱的学生来说，适应新环境需要一个缓冲时间，若成人以"丢弃"的方式迫使学生独立，势必会使学生因恐惧滋生心理障碍，表现为更加害怕去一个新环境，从而陷入恶性循环。

为满足学生安全的需求，教育者需要采用温情和善的姿态进行个别化安抚，使学生感到安全，进而融入新环境。

小男孩小 Z，每到学校就哭着、闹着要妈妈，埋怨妈妈为什么不陪他一起上学。不管老师怎么劝，都无法让他控制自己的情绪。而 L 老师用双手捧起他的脸，擦去他的眼泪，柔声地问："为什么哭呀？""我想妈妈，妈妈不来。""你上学，妈妈怎么来呀！""我想妈妈，妈妈不来。"小 Z 重复着，眼泪不断流。L 老师又捧起他的脸，用拇指轻轻擦去他的眼泪，说："你先别哭，想想为什么妈妈不来呀？"可能是双手环绕、半抱式的抚摸擦泪动作，让小 Z 有了安全感，也许觉得近距离面对老师哭，有点儿不好意思，渐渐地，他停止了哭泣。"妈妈在家没事，也不来看我。"终于，他说话了。"其实每一个妈妈都有自己的事，是因为你在家里，妈妈必须放下工作陪你。再说，你需要在学校学本领呀！你哭，妈妈才会担心！你想让妈妈担心吗？""不想……可我还是想让妈妈来陪我。"小 Z 又哭了。"想妈妈时，可以再想想，在学校里学到这么多知识，变得这么能干，还不哭，妈妈知道了肯定会开心。妈妈开心了，你就更开心了，对吗？"L 老师又用双手捧起小 Z 的脸，轻轻拂去他的泪水。小 Z 点点头。"来，笑一个给老师看看。"小 Z 似乎很艰难地努力了一会儿，还是没能挤出一丝笑容。L 老师用两个指头帮助小 Z 翘起了嘴角。双手的抚摸，给孩子带去了许多温情。终于，小 Z 笑了。送小 Z 回教室后，L 老师说："下次老师再看到小 Z，就是一个爱笑的小 Z，对吧？"小 Z 点点头。一天，L 老师看见一个小朋友远远地向他跑来，原来是小 Z。L 老师赶紧捧起他的小脸，抚摸一下："啊！爱笑的小 Z 是最能干的，最帅气的！"小 Z 心满意足地笑了。

引领融入，温情地个别安抚，具有发展性心理辅导意义。学生缺乏安全感时，会产生依赖感，在伙伴友谊尚未建立时，期待获得安全感和信任。老师一个爱的微笑、一个温情抚摸、一个温暖拥抱，时刻让学生感受到浓浓的情谊，有助于学生快速融入集体。

纸短情长，引领情绪释放

学生会因不满、不适等产生消极情绪，若长期处于负能量中，势必会影响身心健康，班级若有消极情绪满满的学生则会影响整体的和谐。这需要教育者搭建沟通平台，让学生可以通过一定的渠道抒发自己的情感，摆脱负面情绪。

心情日记，作为师生交流的载体，给学生提供了与老师交流和发泄不良情绪的途径，为老师提供了发现、接纳、感受，并及时疏导、解决学生不良情绪的途径，避免了情绪积累过久造成学生问题升级。于李丽老师曾利用心情日记解决了班级里饱含"愤怒""憎恶"的小 S 的情绪问题。

一次小 S 与好友打架，被对方抓伤了脸，从此视对方为"死敌"，总觉得对方在暗暗嘲笑他的无能，以至于夜不能寐。由于事情发生时，于老师不在场，没有第一时间了解情况，后来多次跟小 S 谈心无果。有一天，于老师在两则心情日记里看到关于同一个打架事件的描述：在做眼保健操时，小 S 传作业，后桌制止时，不小心打到了他，两人一言不合就打起来了。在跟小 S 深入交谈后，于老师了解到：小 S 爸爸曾说，被别人欺负，一定要还击。于是小 S 睚眦必报，把"欺负"扩得无限大，只要让自己感觉不舒服的，就觉得被欺负，定会还击。看到小 S 的执拗，于老师觉得解铃还须系铃人，请小 S 爸爸亲自解释这句话，让他明白这句话的真正含义。也许得到爸爸的善意理解，加上老师的沟通关注，小 S 开始慢慢放下戒备，每一次冲动之前，都会先深呼吸几次，考虑一下后果。

丁凯丽老师以周记的方式跟学生对话，适时对出现状况的学生进行个别辅导。丁老师温润的笔触和幽默的回复，让学生慢慢爱上了周记。一个女生在周记中写道："自己恋爱又失恋了，对方是一个又高又帅的男孩。因两个人上了两个不同学校后，很少见，自己仿佛进入了一个黑洞，情绪复杂，越想越痛苦，回想当时若没有这个经历……"看到学生陷入迷茫，丁老师回复道："青春的情愫不成熟，但不妨碍美好；懵懂的爱很可贵，但不真实。只有成为更优秀的自己，才会遇到更多美好。未来很长，但现在很短，珍惜现在，让未来水到渠成。"一个男生情绪不稳定又自我封闭，丁老师不断以周记沟通、开导，终于等来了男生的回复："这周有进步，心情好了很多。丁老师绝对够得上国家级心理咨询师！我一定会调整好心态，重装出发。"丁老师回复："被表扬老脸红，是你素质好，fighting（为之奋斗），调整后一定会适应中学生活的。"

引领释放，利用交流平台宣泄情绪，具有预防性个辅意义。若学生情绪积淀，应及时进行良性互动，能够在沟通中释放，学会自我控制和情绪调节，让个体摆脱消极情绪，让群体变得和谐融洽、平等愉悦、团结协作、积极向上。

热线解忧，引领心结释然

心理热线作为最隐蔽、最能保护个人隐私的方式，可随时随地沟通、排解，引领受困者心无芥蒂、毫无保留地倾诉，解开内心深处纠结。电话那头是无限的接纳和包容，虽然陌生，但贴心，更可以信赖。

心理热线，可以解忧。摘录两则孙志君老师的热线辅导：

羞怯的男孩

电话那头隐约传来声音，但很轻。过了一小会儿，对方开口了："老师，我最近染上了一个很不好的习惯，你能帮帮我吗？"经过询问了解到，来电的是一个初一的男孩，听着还有点儿胆怯。孩子犹豫了好一会儿，支支吾吾，应该是一个正在经历青春困惑的孩子。他对于自己的发育全然不知，我在电话中给他做了基本的科普，帮助他消除羞耻感，并推荐了相关书籍。听着男孩连连惊叹"原来是这样啊"，我很困惑，难道家里没有给到孩子一点帮助吗？孩子告诉我，父母离异了，他跟着妈妈，妈妈发现他做一些"不好的事情"，把他大骂了一顿，身边也没有值得信任的男性长辈可以咨询，所以打了电话。我肯定他拨打这通热线，提醒他有困惑时可以再来电！当天晚上，男孩再次拨打电话，咨询他对于女生的想象和困惑，得到是"正常"的答案，满心欢喜地放下了电话。

崩溃的女生

一个泣不成声的初三女生来电，说自己担心选不上保送生，回家找父母商量。妈妈抛下一句："平时不好好学，担心有什么用？"她彻底崩溃了。她太想被保送了，成绩不稳定，怕中考考砸了，妈妈不理解、不安慰，不能好好沟通，这个困扰影响到自己的情绪，让自己产生了心理问题。我跟女生一起剖析，她有良好的社会支持，老师、同学、父母对她都好，冲突只是小插曲而已。成绩有好的时候，也有不那么好的时候，要避免把不能保送灾难化。把格局放大，眼光放远。还有，中考的经历，是人生历练。不要把爸爸妈妈神化，他们也紧张焦虑，大家可以一起找解压方式，如相互倾诉、接受意见，不要浪费时间，让自己提高效率。耐心地倾听和善意的建议，让女孩停止了哭泣，她表示自己好多了，可以回去继续复习。

热线解忧，有效倾听唤起无限倾诉，排解积淀的情绪，具有预防性和补救性功能；能根据学生存在的困难，针对性地予以分析、洞察，答疑解惑，以恢复学生心理平衡，重塑自我，恢复自信。

私人空间，引领重塑认知

学生的个人意识偏差，影响人内在的精神因素，进而造成大脑中枢神经控制系统失调，引发心理失衡，而心理失衡所引发的一系列问题，间接地改变了人的性格、世界观及情绪。在特定的情境下，个体常有脱离该情境的心理活动，并伴有异常行为。

创设私人空间进行个体心理辅导，是非常必要的，这需要根据个体的心理情况进行疏导，并引领学生调整自我。下面是来自孙志君的个辅：

被堵住的嗓子

一位妈妈带"不断清嗓子"的孩子就医5个月毫无效果，似乎孩子的嗓子被堵住了。我们探索了很多，最后聊到家庭——爷爷严厉、奶奶强势，爸爸管教少，原本柔声细语的妈妈现在很凶，家里关系错综复杂，对孩子都严厉。我尝试询问能否分家，妈妈特别激动，说尝试3次无果，情绪都给了孩子。既然分开住不现实，于是我建议把平时少管孩子的爸爸拉进来，多组织一些三口之家亲子活动，让父母一起见证孩子的成长，爸爸才是给孩子希望的人。同时，我提议妈妈照顾好自己，多多去调节，这样才能放下情绪，给孩子以支持和力量，至少能对孩子心平气和。孩子妈妈很感激。一段时间后回访，孩子的嗓子已经好了。

来自周月女老师的个辅：

妈妈去世的男孩

小V的妈妈得重病去世了。他平时闷闷不乐，一直处于伤痛中走不出来。我领小V到心理辅导室，小V说自己经常做梦梦到妈妈，也会梦到爸爸会离去，怕爸爸伤心，不敢说。我用了"空椅子"技术，先让小V对着空椅子上的"妈妈"说说自己的思念，以及自己的悲伤与遗憾；接着让小V坐在"妈妈"的位置上，说说妈妈此时的心里话，如希望小V能振作起来，照顾好自己，体贴爸爸，把对妈妈的爱和思念给爸爸，妈妈走了，但妈妈一直会爱着小V并希望小V能早日走出哀思，勇敢面对未来。之后，我联系了小V的爸爸，指导小V爸爸要多交流，多关注，多体谅和多倾听，帮助小V走过这段困难期。后来，经小V爸爸反馈，小V的笑容开始变多了。

心理个别辅导，针对已经产生轻度心理障碍的学生或家长个体提供咨询，具有补救性功能，重在排除个体心理困扰和障碍，提高发展需求指导，帮助恢复其心理平衡，引领其重塑正确认知，重建自信，走出自我。

个别辅导时间，为温暖学生心境、疏导学生情绪、释放心结、改变认知提供了必要的私人空间，需要教育者密切关注深受困扰的学生，及时地提供适切个体心理状态的帮助，引领学生健康成长。

"自我成就"促动个性成长

学生在学习上遇到的挫败，会导致学生形成错误认知——学习很难；同理，老师、同学不友善，会引发学生如逃避、拖拉、消极、自卑、抗拒，导致人际障碍等一系列行为方面的问题，长此以往甚至会造成学生个性上的障碍。教育者需要引领学生"自我成就"，通过"深入分析—信任支持—适时辅导—调动自我"四个环节辅导策略，促成学生走出自我，走向人群，走向进步，走向成长的春天。

深入分析，科学洞察问题成因

学生问题成因的深入分析，是解决问题的重要环节。学生问题的形成有自身个性、习惯、智力等因素，有家庭氛围及教育因素，更有成长过程中的外部环境因素。教育者只有综合分析，才能准确预判。但这并非全部，教育者还需要辅以适宜的教育策略，引领学生在点滴改变中成长。

男生小 X 看起来非常木讷，在课堂上很少发言，每节课都是在"自得其乐"中度过，自己玩自己的，绝不影响别人，别人也绝影响不了他。如果老师走到他身边轻轻喊一声"小 X"，他就会习惯性地吓一跳，并用双手护住头部。一下课，他就离开教室，谁都找不到他；上课铃声响，他又会准时回到教室。让他去办公室，必须让他走在前面，不然就会"跟丢"。进行一对一的辅导时，他的注意力也不集中。在生活中，他经常半夜起来在寝室唱歌、跳舞，有时会帮助同学拿衣服、晒被子、洗袜子、拖地……

老师表扬他助人为乐，他也是一脸茫然，毫无反应。与父母深入沟通后，老师发现小 X 从一年级开始就这样，上课注意力不集中，经常需要老师提醒。有时，老师发现他做小动作，会提醒他。一次、两次、三次……老师来到他座位边上他也无动于衷。有时，为了提醒他，老师就在他的头上敲一下。久而久之，他就养成了用手护头的习惯。由于他总是不能及时完成作业，经常需要老师进行单独辅导，而辅导时又一问三不知，常惹恼老师，于是，老师的办公室也成了他害怕的地方。他还经常受到同学们的嘲笑和欺辱。"半夜跳舞"和"帮助同学"，其实是同寝室同学有意为之的所谓"玩笑"。

从教育的角度分析，小 X 表现出的冷漠、逃避、不合作，跟自身习惯及学习状态不佳有关。他在跟老师、同学长期不信任互动后，渐渐逃避学习，远离人群，形成了自闭、自卑的性格，造成了一系列问题。

信任支持，突破人际关系障碍

自卑的学生通常都害怕与人交往，认为老师、同学都是不可亲近和交流的，不相信他人，加上长期受他人嘲笑，逐渐形成逃避现实、离群索居的孤僻性格和谨小慎微、容忍退让的懦弱性格。

一次，几个学生把小 X 的日记本抢了过来，"邀功"似的拿给 L 老师看。只见日记本上写了几行字："星期一：L 老师好，其他老师好，同学不好；星期三：L 老师、其他老师好，同学不好；星期五：L 老师好，其他老师不好，同学不好……" L 老师看日记时，小 X 只是傻傻地站着，而其他学生则很好奇。"好！能有这种表达，老师很赞赏。谢谢小 X 同学对老师的评价。这些日子以来，只有一次不好，对老师的评价很高。不过，如果能把'好'和'不好'的原因写出来，就更好了。老师希望你能坚持写下去，好吗？"远远地，小 X 点了点头。L 老师把日记本还给了小 X，他的神情一下子就放松了。小 X 的日记提醒了 L 老师孩子释放心情的重要性。于是，L 老师建议小 X 能尽量多记好的事，"暗示"小 X 不断地去发现生活中的真善美。为此，L老师还安排了一节"帮助了你，快乐了我"的主题班会课。一段时间后，L老师发现帮助小X的人越来越多，也发现小X能主动帮助别人了。

教育中，只有善意才能启迪善意，老师的善意支持是取得学生信任的基础。从外面敲击从来不能唤醒自我，只有用温暖才能唤醒内心的温暖，哺育新的生命。

适时辅导，改变逃避学习状态

学习上的挫败让小X产生了错误认知，认为学习很难，于是逃避学习，放松了对自己的要求，回答问题时三缄其口，做作业拖拖拉拉，冷漠地对待老师的帮助。

取得小X难得的信任后，L老师开始尝试就上课做小动作的问题与小X谈话。L老师告诉他，在谈话中，可以用点头或摇头来表达自己的意见。"上课时，你知道自己一直在做小动作吗？"半晌，小X才点了点头。"你知道你这样做，会影响你的学习吗？"小X又点了点头。"你也想上课不做小动作，对吗？"小X用力地点了点头。"只不过，你做不到，对吗？"L老师看到了小X眼中的无奈。"老师有一个方法，你可以试试，能帮助你提高学习成绩呢！"小X抬头看了L老师一眼，马上又低下了头。"老师的方法是，上课的时候，你在心里重复老师和同学说过的话。比如，L老师说'81除以9等于多少'，你就在心里重复这句话，你试试。"小X尝试了一下，看了L老师一眼，L老师知道他做到了。"你看，简单吧？L老师只要求你上课这样做10分钟。上课时，你注意看L老师有没有对你微笑点头，如果有，就说明你已经做到了。如果竖大拇指，就说明你做得很出色。你看好不好？"L老师听到了小X轻轻地说了一声"好"。谈话结束的时候，小X笑了一下。微笑、点头、竖大拇指，3分钟、5分钟、10分钟……小X坚持的时间越来越长。一周后，其他的任课老师反映小X上课认真了许多。表扬小X的时候，小X笑得很开心，L老师说："相信你会做得更好,是吗?"小 X 回答道:"是的。"

小 X 取得了一些进步,这让 L 老师很是欣慰,可是他的学习情况还是不容乐观。冰冻三尺,非一日之寒,必须再多一些耐心。一次练习时,当 L 老师发现许多学生已经做完了 1 页而小 X 却只写了两三题时,L 老师有些生气。怎么办?批评当然不可取,这会让辛辛苦苦建立的信任关系瞬间瓦解,可也不能放任不理。何不"借"给他一个表扬?于是,L 老师微笑着说:"嗯,小 X 今天不错,做得很多,很好。"小 X 的同桌露出了惊讶的神情,小 X 更是一脸不自在。L 老师顿了顿,用眼睛注视着他,说:"不过,今天这个表扬是'借'给你的,希望你能还给 L 老师。"听了 L 老师的话,小 X 的脸上由阴转晴,他开始埋头认真做题。L 老师接着问道:"你什么时候能把表扬还给老师呢?""很快,很快!"小 X 使劲地点头回答。大约半小时后,小 X 拿来了他的 1 页练习,正确率高达 80%。

调动自我,提高自我评价

由于多动,上课不能很好地控制自己,小 X 受到了老师和父母的不断"警示",自尊心屡屡受挫,导致其挫折感不断积累,羞耻感和屈辱感不断增加,逐渐导致其自我评价过低。针对这种情况,老师需要培养他的自信,让他体验到成功。

在一次学习辅导之后,L 老师与小 X 开始了一次对话。"你能独立完成作业,而且也能做得很好,对吗?"L 老师问。小 X 把头垂得低低的,轻声回答:"对。""你要求过自己必须及时完成课堂作业吗?好像没有,对吧?"小 X 若有所思地回答道:"对。""不过,你能做到,对吗?""对。"小 X 还是轻声回答。"老师还有一个提议,不知你有没有兴趣?"小 X 抬起头来。"老师想让你担任组长,专门负责收发老师这门学科的作业本,你看怎么样?""好,好,太好了!"小 X 很是兴奋。"不过老师可要说清楚,身为组长,你必须先及时地完成好自己的作业,才能及时地收好组里的作业本,对吗?""对,对!"小 X 还在兴奋之中。"你能重复一下组长的职责吗?"L老师问。"先及时地完成好自己的作业,再及时地收好组里的作业本。"小X回答道。"那先试用一周,好吗?""好,好!"小X连连点头。L老师在班级公开征求意见,得到了大部分同学的同意。由于还有少部分同学持怀疑态度,小X向大家做了保证。一周、两周、一个月、两个月……小X一直是组长。

一次,小X把小组作业拿到老师办公室后,L老师表扬了他:"最近,老师发现你上课认真了许多。很多老师都说你的改变很大。"小X笑了一下。"你会继续这样做的,对吗?""对。""听说你还帮助××同学洗袜子了,是吗?""是的。""是他叫你帮忙的吗?""不是,我主动帮忙的。""真的?""是真的,因为××同学前一段时间也帮我洗袜子了。""嗯,看来你现在有朋友了。"小X看了L老师一眼,欲言又止。"平时有没有哪位同学经常帮助你,经常和你一起玩?"小X犹豫了一下,最后还是摇了摇头。"做好三件事,能让你交上很多朋友,你想试试吗?"小X用力地点了点头。"第一件事就是主动跟同学们打招呼,也可以对他们微笑,或者主动叫他们的名字,这些你能做到吧?"小X肯定地点了点头,说:"能!"过了一周,L老师问小X:"你跟同学们打招呼时,同学们有什么反应呀?""他们也跟我打招呼了,也对我微笑了。""接下来第二件事,你每天下课后主动找人说话,话越多越好,人越多越好,上课回答问题也算。不过,可要遵守宿舍纪律噢!""老师,我不会在寝室乱讲话的,您放心!"小X开心地笑了。又过了一周,看到同学们玩在一起,小X仍一个人待在旁边。L老师悄悄地说:"小X,第三件事是在做好前两件事的前提下,每天邀请一个人参加自己的活动,或者主动参与同学们的活动。你看,现在你就可以去了。"L老师指了指热闹的人群,小X若有所悟地点了点头,起身走向了人群。渐渐地,小X能和同学们玩在一起了,有时也开心地笑出声来。小X在学校的表现,L老师及时地反馈给了他的父母,他的父母也用微笑和赞扬,迎接小X的每一次进步。

一段时间过去了,小X的消极态度、过低的自我评价得到了纠正。课堂上他经常自信地举手回答问题;课间和同学们一起玩,也开始积极地参与到班级的活动中了,教室里经常能听到他的笑声。他说自己喜欢学校,特别是这里的春天,百花盛开,非常美丽!

　　自我成就策略,真心寻找学生问题成因,以适合学生的方式,付诸以个性化的信任支持、适时辅导、不懈帮助等策略,启发和助力个体成长,以拨动心弦的方式,唤醒学生生命成长的春天。

"淡然面对"静候自然生长

班级的生态场，有其自我愈合力，教育者有时需要"淡然面对"，从中"暗暗"解围或"偷偷"帮助，让个体能在协调、观察和感悟中修正自我的态度和行为。教育过程中，教育者需要相信每个个体都有其向上生命成长力。向上、向善是永恒的主题，教育引领需要多一些淡然。"自然静观—暖心协调—主动调和—理性分析"四种教育心态，能静候学生自然生长，成就和谐发展状态。

静观，自然调和生态

学生交往生态的形成，是一个自然而然的个性协调过程，因个性而适。个体会因自我需求、自我贡献、自我能力而相互间形成一种稳定模式，即使偶尔打破平静，也能随着时间的延伸而重新趋于自然。

静观，是教育者的必备心态，可以透视教育个体自行弥合的一种生态自然。小 H 的插班很突然。班主任在接到一个电话后不一会儿，小 H 就出现在班级教室的门口了。小 H 长得很漂亮，她的出现犹如在平静的水面投下了一块石头，激起了一片涟漪。班上几个男生发出了轻轻的惊呼声，随后是一片寂静，大家都目不转睛地盯着她。由于小 H 来得突然，班主任只能暂时把她安排在第一排的位置。"谁愿意把后面的桌子和椅子各搬一张过来？"班主任话音刚落，就有几个男学生抢着去搬，而且还起了小小的争执。课间，几个女生主动围了上来，问长问短的，小 H 显得很开心。接下来的几个课间，小 H 总是一个人坐在座位上，静静地看书，也不主动找大家玩。几个女生玩在一起的时候，也有女生主动邀请小 H 一起玩，可能是小 H 觉得比较陌生或者是还不习惯吧，依然愿意一个人待着。而男生却奇怪地少了一份喧哗，多了一份安静，一群一群地出现在讲台桌旁，时不时地有人"不小心"碰到小 H 的桌子。"对不起"之声也时而响起，也不断地有人捡起落在地上的文具还给小 H，顺便跟小 H 聊几句。可小 H 呢？班主任发现她慢慢地皱起了眉头，似乎不愿更多的人来打扰她。渐渐地，她对同学们的"问候"也不理不睬了，看书时，头也埋得更深了，接下来的课间更是极少见她离开自己的座位。无奈之下，大家都知趣地离开了。

自然和谐的班级生态，要有足够的自我沉淀力。学生的嘻嘻哈哈、吵吵闹闹，即是这种力量的自然平衡过程。教育者的"静观"能促进个体相互的融合力，更能促使班级的生态调和自然。

协调，暖心落实友谊

班级初入者，犹如任何生态中的闯入者，需要一段时间来适应。异常突出者往往因"过于被关注"而破坏某种平衡，反而难以融入群体，这需要教育者来协调，并创设某种黏合力量来吸附。

对一个陌生的插班学生，班主任暖心地落实友谊，能创设这种黏合力量。第二天，小 H 父母来看望小 H，他们告诉班主任，小 H 比较胆小，不善于和同学交流，不知道能不能适应这儿，希望老师能多多地关照她。快上课了，小 H 却怎么都不肯进教室，缠着她的父母不放，泪眼婆娑。昨天还是好好的，怎么过了一个晚上就变得如此脆弱呢？昨晚发生了什么让她如此不安？班主任了解了具体情况后，大吃了一惊。原来，昨晚洗澡时，女生们都进浴室洗澡，唯独把小 H 关在了门外。她们洗好后才让小 H 进去洗澡，并且吩咐小 H 清理卫生间和打扫房间，难怪小 H 如此伤心。中午，班主任"顺道"来到她们的寝室，她们正好都在。一番问候后，班主任切入了正题，说道："成为同学已经难得，室友更是可亲，同一个房间，你们平时如何维系友谊？如何对待新室友？"室友们七嘴八舌地谈论起来。青春期的学生，当然也懂一些大道理，但讲得好，不代表能做到。其实，友谊也得落到实处。临走时，老师把小Y叫来："老师觉得你是最懂得照顾别人的人，给你一个任务，把新同学小H托付给你。这段时间你有什么活动，做什么事都要叫上她。"而后，班主任又把平时喜欢"捉弄别人"的小C叫来，同样交代了一番。这几天，班主任发现小Y时刻关注着小H，吃早餐等她、课间牵着她的手、上厕所也叫上她。小C也表现得很友好，当然就不会为难她了。一周过去了，班级里评选"本周之星"，班级增设了"友谊之星"，小H推荐了小Y，小Y顺利当选。小H很好地融入了她们，灿烂的笑容时常出现在她的脸上。小H的积极改变，让她的父母激动不已。

班级众多的个体中，有仰慕者，自有"责难"者。无论出现无意识的冷落，还是有意识的为难，都会使他人感到无比的孤独和害怕。教育者的耐心协调，在于将友谊落到实处。这样收获的不仅仅是友谊，更是温情和爱心。

调和，主动维系平衡

班级生态中的自然平衡，需要有"隐性的力量"来维系，这种力量可以是亲密无间的友谊，可以是知根知底的淡然，更可以是相互制约的平衡力。

当友谊尚未建立时，同伴关系是脆弱的，会因一点点的误解而感到委屈，需要有主动释放友好的"看见"。一天上午，小H父母着急来找班主任。原来小H打电话说被同学欺负，要求转学，但班主任再三询问，小H什么都不肯说。无奈之下，班主任拿出了一张学生登记表，对小H说："你能不能给班级里的女同学平时对待他人的情况打个分数？最高10分，最低0分。"很快，小H给同寝室的另外9个女同学打出了分，分别是：5、10、1、3、10、10、10、5、1。数据一目了然地显示其他女同学对待小H

的情况。直接找两个只得"1"分的学生来"对质"或进行教育，能缓解她们与小H的关系吗？能制止她们"欺负"小H吗？班主任陷入了深深的思考中。中午，班主任召集了小H及同寝室的女生开会，话题是"我心目中的好同学"，让她们畅谈心目中的好同学，并做了对待他人的自我分析和今后的打算。而后，她们也分别给同伴打了分，看看目前谁是大家心目中的好同学。看完这组数据，在做了快速的统计之后，班主任说："你们在同学心目中的分数，老师已经一目了然。得分最高的有2个人，是小Y和小Q，最低的得分暂时不说。给同伴打分，以后每两个星期进行一次，看看得分高的能否保持，得分低的能否进步一点。"自打分后，班主任发现，被小H打了"1"分的两个学生经常主动找小H玩，小H笑的次数也多了起来，她的表现让她的父母欣慰不已。给同伴打分这项活动一直在继续，她们的平均得分越来越高，小H不再闹转学，女同学之间的关系也越来越和谐。

主动调和，抓住了每个人都想得高分的心态。打分，像一只无形的手，牵动着每一根向上的神经；打分，像一把衡量的尺，找到了对待他人的标准；打分，更像一剂甘草，调和了学生人际间的酸甜苦辣。

分析，理性面对烦恼

学生面对成长问题，尤其是青春期问题，往往随性而为，这是年少懵懂而行的本色。班级生态中的个别行为往往会因被多数"认同"而流行起来，需要教育者理性引领，分析解忧。

分析，在于引领学生看到更远的前方，激励更美丽的向往。一天，小H的父亲非常紧张地说，小H收到了男孩子给她的"情书"，而且还带回了家，是小H的妈妈在客厅发现的。在得知小H并没有异常表现之后，班主任分析道："小H既然这么不小心地把这种纸条丢在客厅，也不找，说明小H心里根本就没有这种纸条的存在，也可能就没有发现，或许知道了，也没当一回事。我想，这也许是别人塞在小H的书包里的，小H在家里做作业的时候不小心掉出来的。"班主任的解释,让小H的父母一下子释然了。

不过,这件事之后,班主任觉得应该对学生进行这方面的教育了,毕竟他们都长大了。在一节班会课上,班主任让大家谈谈如何与异性同学交往,当然,青春期学生对这样的话题,是既感兴趣,又不敢面对,所以主动发言的学生自然很少,发言的同学也大多不痛不痒地说一些不着边际的话来应付。虽然一个个表面上都显得不在乎,其实内心翻腾不已,他们都在等,心里在急切地盼望着老师的发言。"你们都长大了,心里想着某一个人,甚至想着几个人,都是很正常的事。"班主任话音刚落,学生一片"耶"的惊呼声。"想想无妨,想想也是很美好的东西,不过放在心里就可以了。拿出来,或者说破了,就变得很丑陋了。如果把人的一生比作一个花季,你们要经历成长、发芽、开花、结果这样几个过程,一切要顺乎规律,水到渠成,这样的人生才是最美好的。"班主任侃侃而谈的时候,发现学生开始平静了下来。"现在你们还在成长期,以后还会经历发芽和开花的过程,在这些时刻,你们应该去学习如何成长,努力思考如何更好地成长,学会真本领才能把花开得更美丽。如果现在就想着去碰它,把它摘下,这样做的结果,只能让这些美好的东西,顷刻间变成残枝败叶,就得不到最后那芬芳可口的果实了。"班主任讲完后,发现学生还没回过神来,似乎陷入了深深的思考。接下来的日子,班级里异性学生之间的交往更融洽了,不再调侃,不再瞎闹,多了一分理性,多了一分大方。

成长中难免有烦恼,只有点破纠结,理性分析,才能更容易帮助学生摆脱烦恼,引领学生健康成长。

自然的班级生态,有一种令人欣喜的自我弥合能量,这种能量需要教育者不断助力,犹如自然界中无形的力量,如空气般自然守候,如阳光般温暖照射,如雨露般润泽心扉,如清风般徐徐解惑。

"激励潜能"成就最好自己

大千世界,五彩缤纷;芸芸众生,人格一面。三百多年前,哲学家莱布尼茨站在普鲁士王宫说,"世界上没有两片完全相同的树叶"。人也一样,教育中遇到的学生各种各样,每一个个体都有其独特性,举世无双。教育的本质是成就,教育者需要从"遇见接纳—正视不同—挖掘特质—升华意志"四个方面去激发学生潜能,以面向未来的积极心态,去激励每个学生成就最好的自己。

遇见,即全接纳

生命个体都是不完美的。教育生涯中,每个教育者都会遇见许许多多不完美的个体。遇见,是一种幸运,全员接纳、悉心呵护能让每个不完美的遇见,成就教育的完美。

遇见不完美是一种教育的必然,接纳不完美是教育者的必然。在同学看来,小雷是个怪异的人,长得很白净,却总是玩一些"脏东西":一下课就去"乱玩",翻开草坪找蚯蚓,摘来树叶养毛毛虫;抽屉里塞满了五花八门的"脏东西",各种小瓶小罐里装有螳螂、瓢虫、蚊子、蚂蚁,还有树叶、饭粒、白糖等。所有孩子都不愿意跟他同桌,他一人一桌,单独在后面。课上他两只手不停地在抽屉里摸着,经常需要提醒他抬头听讲;作业马马虎虎,上课糊里糊涂。学生们好玩,也喜欢摆弄他的这些"收藏",可之后发生的两件事情,让同学们觉得他实在太"可怕"而远离他。

一次，一个同学想向小雷借笔，见小雷没有回应，就打开了他的铅笔盒，结果被飞出来的一群苍蝇吓得大叫。原来他的铅笔盒里装了满满的一盒活苍蝇。另一次，一个同学想跟他玩，伸手搂住他的脖子抱着他，结果发现他肚子里有软乎乎的东西，还能来回跳动，这个同学被吓得不轻。在老师的再三追问下，他终于道出原委：他抓了青蛙玩，上课了不舍得放青蛙回去，又没有口袋，就把青蛙放在T恤衫里面。之后，同学们再也不敢去"打扰"他，他也乐得清闲，自己玩自己的。可是他玩"脏东西"的习惯一点都没改，座位周边地面上经常一片狼藉。这个另类的孩子，让老师头疼，被同学讨厌。

老师多次找小雷谈话，找他的父母交流，期待多管齐下，促使小雷能有所改变，可小雷依然如故。

正视，与众不同

一个不完美"另类孩子"的特殊癖好，特别需要教育者调整心态，正视其不同，期待能在呵护其天然个性的同时，去成就他。

之后的一件事，改变了老师的想法，让老师开始正视这个与众不同的小雷。一次，班级打扫卫生，值日生把小雷放在桌子底下的"脏东西"统统丢进垃圾桶，倒进"垃圾屋"里。小雷知道后竟然发疯般地冲到"垃圾屋"，用双手翻开各种垃圾，冒着臭气，不停地翻找了十多分钟，终于找到了他的"脏东西"。等到他回来时，脸上的泪水交织着汗水，还粘着铅笔屑，衣服、裤子黑漆漆的一片，整个人浑身散发出一阵臭气。学生们纷纷捂住鼻子，逃命似的来找老师报告，说小雷很生气，扬言要找值日生报复。老师急忙劝慰，带他到卫生间清洗。经过清水的"洗礼"，小雷干净了一些，也冷静了一些。老师把小雷领到办公室，在保证不丢他"脏东西"的情况下，要求他对自己的冲动行为作出解释。原来，他抓了一只怀孕的母螳螂，装在一个用树枝搭建的简易笼子里，为了防止其他同学玩，就用脏的纸和树叶包起来，结果被丢了。说到此处，他有点儿激动，说那是两条生命。老师有点儿不理解地说:"你若不抓,两条生命自然好好的,被你这么一抓,差点儿就没了。再说这么脏兮兮的东西,值日生得负责把教室打扫干净,怎么能抱怨别人呢?"听老师这么说,小雷很幽怨地看了老师一眼,没有吭声,下意识地抓紧了装有螳螂的"笼子"。"说说吧,你怎么知道这是一只母螳螂,而且还怀孕了?"老师有点儿好奇地问。"怀孕很好辨认,肚子会大一些。平时辨认螳螂是公还是母,也是看它的肚子。母螳螂的肚子有六个节片,公螳螂有八个。"小雷不经意地说着。诧异于小雷对螳螂的了解,老师追问了一句:"你对螳螂还了解多少?"他说,母螳螂吃了公螳螂,才有了小螳螂,而且螳螂是益虫,会捕捉害虫。不知道为何,一股感动涌上了老师的心头,这个总是脏兮兮、看起来另类的孩子,给了大家一个重新认识他的机会,而且是颠覆性的。老师诧异于他对昆虫的痴迷,也敬佩他对昆虫的喜爱和了解。不可否认,这是一个具有独特才能的孩子,他不畏惧大家异样的目光,承受着满满的质疑,坚持着自己的喜好,这种精神甚是难得。遇到这样的孩子,难道不是老师的幸运吗?

　　学生的个性、才能需要教育者去正视、去发现,更需要精心培育,甚至从学生反面举动中透视正面动机,从错误行为中见到真诚理由,才能巧妙唤醒,点石成金。

挖掘,个性特质

　　松下幸之助说:"我们没必要羡慕他人的才能,也不须悲叹自己的平庸;各人都有他的个性魅力。最重要的,就是熟习自己的个性,而加以发展。"教育的本质,就在于发现个体特质,并让其更具特色。

　　激励,是一种可以持续的态度。而发现并寻找适切的发展途径,是培育个性特征的重要方式。老师抓住了这个契机,在班级里表扬了小雷对昆虫的了解,同时也提醒小雷要保持卫生。在小雷满脸洋溢的得意和不断的点头中,老师似乎看到了一个即将不一样的小雷。可小雷的点头,不代表他能解决"自己独特的爱好行为得到了老师的表扬"与给班级造成的卫生问题的矛盾。虽然同学对他的态度有所改变，不会像之前那么抵触，但小雷这些令教室卫生非常致命的"垃圾"却无法处理。无奈之下，老师只能发动全班学生来帮助解决。七嘴八舌的学生大多停留在"不可养"或"不能在教室里玩"的角度，但小雷这些"宝贝"放哪儿比较合适呢？有学生说，按理这些小生物应该回归自然，若有研究价值，则更适合放到实验室。一语惊醒梦中人，班主任赶紧联系了负责科学实验的王老师，并对小雷进行了个性化的介绍。在深得王老师的认可后，小雷正式加入学校"未来实验室"。一段时间后，他成了"研究员"，那些"脏东西"顺理成章地移入未来实验室的"专柜"。据王老师反映，小雷正在创造属于自己的科学观察日记。小雷也经常因为能够有更细致入微的观察，更多地发现不同，而得到王老师的赞扬。个性得以展示，让小雷越发积极投入，自信的笑容经常浮现在小雷脸上。

个性特质需要挖掘，这需要为师者能充分认识学生，发现他们的潜能，并调动主观能动性，促进个性化成长，让他们在自己喜欢且擅长的道路上走下去，并创设各种环境让他们走得越来越好，这正是教育的意义。

升华，坚定意志

潜能需要升华成为一种意志，个性品质才趋于完美。这个过程中，教育者需要不断地创设一定的展示机会，让孩子在获得喝彩中坚定自己的理想，并坚定意志。

在跟王老师进行一次很好的沟通后，班主任开了一节特殊的班会课，让小雷展示了他对七星瓢虫的观察记录：首先，他展示了自己画的一只七星瓢虫，很萌很萌的样子，惹得同学们哈哈大笑；他说七星瓢虫很可爱，很好抓，因为它经常会假死，只要发现它停在树枝上，打开一个塑料袋，放在它的下面，抖一下树枝，瓢虫就掉下来了，同学们一下就笑了；他提醒同学们，七星瓢虫是益虫，能吃蚜虫、螨虫、虱类等害虫，大家不要轻易去捉。接着，他介绍了七星瓢虫的习性、生长、如何养殖及养殖的经济价值等。最后，他还不忘提醒，瓢虫家族中大部分是对人类有益的，但也有有害的，如专门吃植物叶子的二十八星瓢虫等。小雷娓娓道来，同学们听得非常入迷，精彩之处不时地给予热烈掌声。讲解之后，同学们纷纷围住小雷，向他索要七星瓢虫的画作和其他资料。此时的小雷，已然像一个被追逐的明星。之后，关于小雷的喜事不断，科学观察记录本在上级部门举行的大赛中获得了大奖，在更高级别的比赛中也获奖了！他的《昆虫记——特殊的家伙》观察记录系列画作，在科技节上展出了！更可喜的是，虽然小雷时而还是有点儿"脏乱"，但他得到了同桌包括组长等同学的及时提醒和帮助。

教育，呼唤个性化培育。我们有理由相信，像小雷这样的孩子，只要给予他们充分信任，不断给予他们良好的信念，鼓励他们不断在实践过程中去努力、创造，让其得到充分的个性化发展，他们的未来将无可限量。

教育，本是一个不完美的人，带领一群不完美的学生，奔赴完美的一个旅程。因此，我们的教育应该尊重学生个体的差异性和独特性，依据学生不同的个性因材施教，努力发展学生的个性优势，培养其个性品质，升华其个性意志，在培育其全面发展的同时，促进其鲜明的个性成长，成就最好的自己。

"持续强化"激励点滴进步

学生因个性因素或长期教育环境形成的一些不良习惯,很难用一般的提醒、强调等教育方式予以改变,需要教育者根据学生个体特质付诸合适的教育策略,不断刺激学生向上愿望来持续激励学生点滴改变。"标记奖酬—幽默警示—奇迹问句—目标任务"等教育技巧,以有趣形象、唤醒向上的指引方式,引领学生在"看见"自己进步的过程中,点滴规范,慢慢改变。

标记奖酬,指引美好改变

"标记"作为一种学校或班级内部流通的、印有一定价值的"货币"、代用券或筹码,被广泛应用于学生日常表现奖励,这些精神上的奖励也是学生所渴望的。为此,大多数学生在常规活动中都能做到规范要求,以期待获得所需"奖筹"。

"奖筹"过程,即记录学生点滴进步的过程,指引学生向好的方向改变。丁燕老师班上的小 C,是一个"受宠溺后极度自我"的男生。十多岁了,老师稍不关注他,他就大声哭,有时会因其他同学聚在一起聊天说笑就朝人家吐口水,很少参加班级集体活动,经常无缘无故情绪失控跑走,有时甚至会和其他同学大打出手等。在家里,爷爷奶奶溺爱,父母比较迁就;在学校里,同学和任课老师也都迁就着他,所以他比较自我,不明白理解是相互的,缺少理解沟通,导致矛盾不断。为了帮助孩子合理控制情绪，缓和同学之间的矛盾，构建和谐班级。通过家校沟通，大家达成共识，"和好本"便诞生了。所谓"和好本"，就是记录两人良好关系的本子，也是一个建立良好沟通的纽带。以下是和好本的具体实施方法，见表5-1：

表5-1 "和好本"使用细则

评价内容	评价方法	奖励方法
双方没有发生争吵和肢体接触。	+1	①周积分累计≥5分，可以得到班级奖励卡或小奖品一份。②月积分累计≥20分，可以奖励自己喜欢的奖品一份。
一方有错，另一方冷静处理。	+2	
发生了争吵，但没肢体接触。	-1	
发生了争吵，且有肢体接触。	-2	
补充说明：①每天记录一次，由老师和同学共同监督。②如违反以上内容，取消本周奖品的发放。③该细则对本班同学都有效，大家应共同遵守。		

在实施过程中，丁燕老师捕捉到小C爱看漫画书的兴趣点，于是"无聊时阅读、必要时分享"的"阅读自信培植计划"，便井然有序地展开了；同时建立"生活上、学习上和心理上"的三支"帮帮团"，锻炼生活自主能力、辅导作业难题、疏导情绪不佳等，变迁就为帮助。老师、同学和家长三方合力，共同监督他的行为。实行第一天，小C同学能够自觉遵守，马上收获美丽的积分，他挺开心的；实行一周后，小C兑换了他的奖品，他兴奋不已；实行一个月后，丁老师为小C进行了颁奖并拍照分享给家长，让家长也为孩子的进步和成长感到欣喜。阅读计划、三支"帮帮团"及"和好本"实施后，小C在看见自己进步的过程中，学会了控制情绪，实现了美好改变，班级也更加和谐稳定。

用"和好本"来明确行为规则，达成美好约定；利用"标记奖酬法"，使用积分、奖品、领奖拍照、精神鼓励等方式为奖励手段，来改变和促进学生为达成愿望而坚持美好行为，激励学生进步。

幽默警示，指引持续进步

幽默警示，是在激发向上奖励法无法达成对学生行为的有效改变时，采用的一种能反映教育者对学生行为表现情况情绪化表露的提醒，以"什么行为=怎样的表情"的方式，幽默形象地进行警示，提示改变，指引进步。

针对个别学生进行的策略改变，采用幽默警示法，同样能达到一定的教育效果。小F的习惯很不好，个人卫生很糟糕，经常在课间玩得脏兮兮的，抽屉里、桌底都是垃圾，作业也同样潦草。低年级时，老师用奖励"小红花"的方式，换来了他一段时间的"表现好"，可还是因为表现不好的情况比较多，老师觉得继续用奖励"小红花"的形式，似乎肯定了他的错误表现，而在不奖励的情况下，他"故态复萌"了。老师很无奈，只能时时提醒着，可他却把老师的话当作耳边风，而且有愈演愈烈的趋势……他的保洁工作根本无法完成，卫生需要同桌和小组长来替他完成。一次，因为常规竞赛分被扣，班级拿不到一周"优胜锦旗"，班主任非常无奈地向家长诉苦。家长也表示很无奈，说已经拿这个孩子没办法了。既然奖励不能有效改变，那就换一种方式——"惩罚"！之前也曾经天天"罚"他做卫生，可他要么潦草应付，要么逃避，大家一点儿办法都没有。怎么办？改变一下，用幽默警示法，给他一个表格（见表5-2），让他把自己的情况如实填写，老师针对他每天的表现情况写评语。

表5-2 小F表现情况登记表

时间	第一天	第二天	第三天	第四天	第五天	第六天
我的表现	桌下有垃圾	抽屉乱	衣服脏	桌面乱	桌下有纸屑	耶！干净
老师评语	哎！没做到	怎么又没做到	第三次，第三次！	唔！第四次	呜！呜！呜！竟然还这样	不错哦！记得坚持

小F对"微信表情包+惊讶警示语"比较在意,第二天就比较认真地对待,可还是因为坏习惯带来的无意识,继续得到"抓狂""哭泣""大哭"的评价。之后,小F似乎下定决心,终于换来了老师的"微笑+不错"的肯定。任何改变都不能一蹴而就,学生在改变习惯的过程中也还会反复,坚持能让这个慢的过程充满期待,指引学生持续进步,最终让学生学会控制自己,获得改变,更有一份美好心情。

幽默警示,融入趣味的表达,更能走进学生内心。在跟学生互动交流中,老师要充分利用"情绪反应表情"来体现,变"简单直白"为"丰富形象",变"索然无味"为"妙趣横生",让教育变得有趣、生动,让学生喜欢教育,更喜欢老师。

奇迹问句,指引点滴规范

教育过程中,教育者需要运用焦点解决的思路解决学生问题,相信学生问题症状有其正向功能,引导学生去寻找身上的资源,以"相信你能行"的期待方式,用正向的"奇迹问句——你怎么做到的"来不断强化其正向能力,促进改变。

奇迹问句,是本着积极、尊重和希望的理念,强调挖掘学生正向能力,指引学生进步。孙志君老师班上有个学生小A,在学校适应不良。日常,他很容易被激惹,跟同学发生冲突;上课经常坐不住,注意力不集中;学业成绩不理想,是各门学科的"困难户"。这样的学生,在学校显得很没自信。这样的孩子,如果再不断地给他纠错,他很容易"破罐子破摔"。于是,孙志君老师尝试换个思路,跟小A对话时运用焦点解决之"例外式问句——你怎么做到的"。孙老师发现小A做足球守门员还不错,而且每天坚持训练,就以这样的方式与小A对话:"你这个守门员做得真好,每天风雨无阻地去训练,你是怎么做到的呀?"小A一听老师在肯定自己,赶紧思索:我是怎么做到的?他在这个时候就在主动发现自己的资源。小A回答道:"我想在足球节上让我们班得更多分数,所以每天坚持训练。"在这个过程中,老师和学生建立了合作性谈话。之后,孙老师观察到小A有进步,就对他说:"你这节课比以往都表现得好,一节课都没有离开座位,你是怎么做到的呀?"再后来,孙老师还是经常问他:"你这次的听写只错了一个,真是太厉害了,你是怎么做到的呀?"孙老师引领小A不断去思考:我干了什么,以前听写都不过关,这次只错一个。哦,昨天晚上很用心地复习过了,而且这个单元学得也很仔细。至此,小A明白了自己该如何学习才能在听写上拿到好成绩,因为他亲身体验过了。

一个课间,小A又忍不住对同学大打出手,导致同学们对他都很反感,甚至私底下要求他转到别的班去。小A感觉到自己被孤立了。孙老师知道后,就对他说:"如果今天晚上,你睡觉时奇迹发生了,同学们都接纳你了,那么明天早上醒来时,是否有什么事情变得不一样了?"小A说:"我变成一个不打人的孩子了。"孙老师问:"成为这样一个孩子,你做了什么努力?"小A表达了自己的想法,谈到自己可以去道歉,为同学为班级做好事,恳请同学在他控制不住自己的时候提醒他,并表示自己一定要这么做。

奇迹问句,以期望式提问方式捕捉到学生"例外"时刻来进行分析,激发正能量,启迪学生积极思考;以"清晰的目标"催化学生积极解决态度,明确自己的行动方向,并主动付诸行动,指引学生点滴规范。

目标任务,指引步步向上

因个体自制力和外界监督力的因素,大多数学生在学习或完成任务时,不够专注,表现为磨磨蹭蹭,心不在焉,达成的任务目标"缺斤少两"。这就需要教育者利用目标任务来激发学生达成的内在驱动力,以明确的单位时间完成任务来指引学生步步向上。

目标,以精神指引促进激情;任务,以明确的内容指向达成量化。小L是一个看似很认真,实则有点儿磨磨蹭蹭、拖拖拉拉的孩子。课外时间,父母让其制定了"时间表",几点起床、几点学习、几点睡觉,非常详细,可因时间上的伸缩性，执行总是不到位。在规定的 2 个小时学习时间里，有时去找书，有时拿笔，有时拿吃的……时间很快过去，学习效率并不高。直到小 L 升到高中，家长发现高中的学生，大多也是不自觉的，即使名校的学生也同样如此，也不能很好地管理时间。尤其是新冠疫情期间的网络课程，小 L 的家长看到孩子一天到晚都在学习，也感怀于孩子的疲惫，老师不停地讲，没有互动，作业不停地做，答案校对了，一天就过去了。可是学习效率到底如何？孩子自己不知道，做家长的更不知道，相信老师们心里也没底。恢复线下教学之后，家长发现孩子的成绩退步了，很震惊。明明线上教学时作业反馈，基本是"优"或"很棒"，网上测试成绩也非常优秀，令人满意，为什么学校测试效果不理想？家长猜测是孩子没有明确的目标和任务，被动学习和被动接受，出了大问题。之后，小 L 家长跟孩子商量，接下来该怎么办。小 L 自己开始反思并制定了"任务表"，明确单位时间内完成多少任务及完成质量要求。那天，家长正好都需要外出，给小 L 一个充满挑战的任务，完成当天学习内容，正确率要求是多少，之后的时间可以自己安排。结果，小 L 的作业完成率和目标率都让家长非常满意。这充分说明，有了明确的目标后，人就会变得充满动力。改变，要树立一种"以任务为中心"的学习观，有压迫感，且很"紧张"，但可以肯定的一点是，自己成了时间的主人，每天都成就满满，觉得自己每一天都过得很有意义。在学生行为改变上也是一样，"幽默警示"案例中的小 F，亦是在老师的任务目标单中一步步实现了自己行为上的改变。

　　任务目标，从"计划经济"变成了"自由经济"，以效率管理的第一原则，把"时间表"观念转变为"内容表"观念，"内容"是任务，也是目标，是学习的本征函数。

　　教育，是慢的艺术。持续强化，就是创设适切学生的美好教育，以特有的教育技巧，不懈的努力，来指引学生实现美好改变、持续进步、点滴规范、步步向上，让教育成为学生成长的美好经历、美好遇见。

第六章

综合助力，教育协同多元化

协同教育"多方联动"机制

基于学生成长过程中出现问题的复杂性,教育需要政府各部门、家庭、教师和学校多方合作。因此,我们要把学生成长作为社会的共同责任,明确各方职责,构建专业教育共同体,从学校、教师单方应对转向策略性地寻求家庭配合、探求专业互助、谋求教育部门支持,构建"部门—家庭—教师—学校"多方联动协同教育机制,做到多管齐下、综合跟进,引领学生成长的同时,助力家长、教师共同提高。

部门要"领",明确多方联动职责

部门具有政策制定、引领社会分工、引导社会舆论等决定权,需要引领并推动全社会形成把孩子成长作为第一要务的共识,明确家庭、学校和社会各方对学生问题的教育和引导职责,做到层次分明,责任清晰。

第一,明确家长作为监督人及教育第一责任人。以《家庭教育促进法》为例,它改变了家长把教育问题简单地推给学校,认为孩子的教育问题应该由老师来解决的错误观念,"依法带娃"也进一步明确"子女不教,父母之过"的观念,形成了"孩子问题,父母担当"的责任意识。

第二,明确教师作为学生行为问题的发现者和辨识者,负有引领和妥善处置的责任。学校和教师要对学生进行正确价值观引领,不断通过教育发展学生良好的品质。当学生出现问题时要及时应对,在学生问题难以解决且力量薄弱时,不能听之任之,要有强烈的责任担当,善于协同家长,学会求助综合力量、专家团队共同教育。教育成功后，勤于总结成功的教育经验并进行推广。

第三，明确各级教育部门作为教育资源协调者，以促进教育公平，让每个学生均获得幸福成长的责任。统筹教师资源，培训教师成长，制定识别学生问题并判断问题的标准，及时对学生心理及各种问题进行筛查，对学生问题进行预警，组建专业教育团队助力遇到困难的家长和老师，进行技术指导，总结分享成功的教育经验，以合适的方式帮助学生，并指导学生走出困境。

第四，部门要自我明确，作为行政决策者对教育具有导向的责任。部门需要从自身"政风"建设开始，"领"好社区、规范好校外机构和新闻媒体等社会力量，引领社会舆论，净化学生的成长环境，弘扬正能量，引领正确价值观，推进公民意识培养，形成全社会关注学生健康成长的氛围。

家庭重"范"，负起全面教育责任

家庭是人生的第一所学校，父母是孩子的第一任老师。学生良好品质的发展，最初和最重要的影响因素是家庭。父母的道德品质、行为习惯会对孩子品质的发展产生无形的、深远的影响。所以，父母要做孩子积极向上的榜样，注重"早""细"和"及时"，在学生成长的最佳关键期，对孩子的行为习惯、个性品质、责任意识和价值观进行引领。

第一，培养孩子的良好习惯。习惯养成重在点滴积累，礼仪、卫生、倾听等习惯，都在孩子很小的时候形成，父母要善于在孩子成长过程中点滴培育。父母要善于观察孩子的一言一行，及时了解孩子的行为动态，当孩子出现行为问题时，需要及时纠错，关注细节，防微杜渐，避免"小问题"随着孩子的成长变成"大问题"，让孩子不知不觉间形成受益终身的好习惯。父母需明确对孩子教育的责任感和迫切感，当孩子在学校表现不佳时，要及时了解情况并配合教师共同教育，不断调整教育策略以适应孩子的心理变化，持续干预，直到孩子习惯形成并表现稳定。

第二，注重孩子的品质培育。促进孩子形成友善、乐观、诚实等良好品质，父母要引领整个家庭成员的示范，树立"己所不欲，勿施于人"的观念，要求孩子做到的，自己先践行。小 D 一言不合就打人，不管老师怎么引导都收效甚微。老师深入了解后发现，小 D 爸爸在他做错事之后，会粗暴地揍他，这对小 D 的影响很深。改变从小 D 爸爸的态度开始。后来小 D 爸爸学会了"缓一缓"，让孩子先说说犯错理由及如何避免犯错，然后跟小 D 一起学习控制自己。之后，小 D 和爸爸都发生了可喜的变化。成人良好的示范引领及方向性引导能在孩子的内心中埋下潜意识的种子，善恶皆源自示范。

第三，树立孩子的责任意识。要让孩子从小为家庭做事，承担家庭责任，可以让孩子洗一洗自己的袜子、短裤，整理自己的房间，打扫客厅卫生等，为父母分忧，以强化孩子潜意识中的劳动观念。当遇到挫折和困难时，父母可以一种积极的态度与孩子分享，让孩子体会作为成人的艰辛和乐观，为孩子奠定责任意识。

第四，强调正确的价值引领。是非观念引领越早、越多、越深入，越能够促进学生正确价值观念的形成。初期需要示范。在家里，若想让孩子爱上学习，父母需要爱上学习，让孩子感受到"爸妈很爱学习"；要求孩子不看手机，不仅要规范手机管理，父母更要把手机丢一边；要求孩子热爱国货，家庭购物时就要注意选择。价值观引领需要持续，孩子成长后受到同伴或社会不良风气影响时，父母要善于引导孩子深入分析、辨别是非，清晰地告诉孩子哪些事可以做，哪些事不可以做，让孩子明确父母的理念和价值观。一件事重复多次，会让人在潜意识中形成"应该怎样"的概念，学生正确的观念越清晰，觉悟亦越高。

教师需"导"，坚持引导持续跟进

作为教育的重要主体，教师应树立引导意识，日常教育过程中善于发现学生可能出现的问题，以师者的情怀、孩子成长的视角、包容的态度，持续引导学生成长。

第一，引导为主。坚持以生为本、从学生成长和自我感悟出发的教育原则，依照道德学习"学什么，知什么，做什么"的内化规律，细化育人目标，结合德育课程内容，构建行动方向，设定评比细则，形成道德教育示范、日常习惯训练与表彰评估相统一的"知·行·评一体"样式，实现"课程+行动+评价"合一，促进学生道德学习到落实行动的知行合一，达成量化道德素养及良好习惯的养成。

第二，及时发现。善于洞悉学生问题，对学生行为"四类问题"进行研究，及时发现学生问题，针对性地采取干预措施，避免问题扩大。教师平时应多观察学生的语言、行为等表现，去了解、去洞悉、去判别。在"小小问题"或"小问题"时，就及时介入；在即将出现"大问题"或"严重问题"的情况下，求助综合力量。

第三，正向强化。要以柔和方式，对待出现问题的学生；以坚决的态度，助力学生自我控制。注重"即时规行+心育跟进"，在学生出现了"小小问题""小问题"时进行"即时规行"教育，并对学生进行"为什么要这样改变"及"怎样做才更好"的"心育跟进"。深入观察学生成长过程中的点滴细节，及时对学生的正面行为给予鼓励和肯定，坚持成长理论，相信每个孩子都是出色的人，以扬长教育的方式，避免孩子陷入自我否定中，发扬学生优点，改正学生不良习惯。

第四，持续跟进。教育从来没有一劳永逸的效果，要持续跟进，内化学生的良好品质。坚持不懈地通过综合教育来引领学生，对学生的一些错误观念和不良习惯不停地纠正，并进行正向引导，对于学生的心理偏差，需要及时辅导，引领学生走向阳光。

学校善"引"，建立综合专业教育机制

学生的问题具有多面性，在学校暴露出来的问题不等于在家庭中也会出现。此时，教师与家长的立场不同，视角差异会造成家校矛盾。因此，

我们需要从学校或更高层次的教育部门成立专业团队来协调并对家长进行引导。

第一，整体教育推进。如营造学校整体教育氛围，进行特色化办学，有鲜明的办学理念和育人目标，如"让每个孩子成为更好的自己""让自己成为自己""个性化、特色化、国际化""来玩、来学、来创造"等。让学生浸润其中，以校园特色影响学生道德思想、品质行为等，推进立德树人的落地，注重以"五育并举"引领学生多元发展。

第二，建立预警机制。把区域内学生问题的行为特征、年龄分布、形成原因、成长轨迹、教育成效、后续变化等信息以数据化整理、匿名化透明公开，做到机制化、长效化、规范化和精确化。共享问题孩子的成长及教育成效信息，让家庭和教师清楚地了解区域内学生问题的动态，对学生成长问题、教育问题的普遍性和严重性有深刻的认识，让对待学生行为问题的立场从以往的漠视、忽视、容忍变为重视、积极和警惕，引领更多的家庭对儿童成长教育专业化。

第三，建立专业力量。从学校或区域层面成立学生行为问题指导中心，成立学生成长问题的研究团队、应对团队和家长、教师的专业培训团队，发挥专业力量，提升家长和教师的教育水平，使其更有信心面对学生的成长问题，从而努力面对、积极解决，有足够的能力去预防学生问题，让更多的无奈和"破罐子破摔"现象得到缓解和改善。

第四，培训家庭教育。很多青年父母容易按自己的成长经历教育下一代或是完全"纠偏"长辈对自己的教育方式，更有青年父母完全把孩子教育"出让"给长辈、培训机构等，导致孩子问题多元。笔者曾听过一个极端案例：两位教授是高校教育研究者，夫妻俩的孩子是高管，在孙子出生后毅然拒绝了高校返聘的邀请，承担起孙子的教育任务。孙子在两位教授的悉心培养下，表现异常出色，幼儿园什么都是第一，小学的各项比赛也都是第一，可到了初中后，由于不能拿到第一，孙子接受不了失败的现实，崩溃了，再也不去上学，每天蹲家里玩手机。教育部门应把家庭教育纳入培训范围，通过对青年父母的育人培训，发展他们对孩子早期问题的预防和教育能力。

　　第五，协调各方力量。协调和联络社区、公检法等部门，新闻媒体、医院等各方力量"多方联动"，促进各方明确自己的教育职责并完善履行，形成全方位携手共育的合力，长期坚持和持续守护学生健康，培养学生良好品质并掌握必要的解决问题的能力，引领学生幸福成长。

　　"多方联动"机制能够最大限度地发挥教育合力作用，破解家庭或学校单方应对学生问题的薄弱状况，能把整个社会的力量凝聚起来，尤其是集中教育力量来助力家庭、帮助学校，共同引领学生的健康成长。

家庭履行"第一责任"义务

随着现代社会的发展及教育观念的更新,越来越多的人发现,家庭教育环境对孩子的影响大于学校教育,更大于社会环境。《家庭教育促进法》的出台,把家庭教育由"家事"上升为"国事",在培养目标上起到了正本清源的作用,明确了家庭教育应回归育人初心,明确了家长"依法带娃"的责任和义务。家庭履行"第一责任"义务,以"亲子陪伴—相机而教—恩威并济—平等交流"方式构建良好教育生态,对孩子进行思想品德等教育,促进儿童、青少年健康成长。

亲子陪伴,温情成长

亲子陪伴中,父母要以贯穿一致的适当方式回应孩子发出的信号。对孩子来说,父母是随时可期待的,因此学会表达出自己的需求,意识到自己被关爱,在浓郁爱的氛围中成长的孩子更有温情。为了让自己的孩子实现温情成长,父母需要做好以下几件事。

第一,营造氛围感。比如,在家中最醒目的地方张贴或陈列孩子的作品与奖品,不断叠加孩子获得的荣誉,激发孩子不断进取的信心,让孩子充分感知自己的重要性,营造浓浓的家庭氛围。拥有自己"领地"的孩子心中充满骄傲感,这会让他平添自信。

第二,营造安全感。教孩子从小认可自己的长相、认可自己的能力、认可自己的缺点。若孩子眼睛小,就说只要特别有神就很好看;若个子矮，就认可他只要精明就特别棒；若很胖，就认可只要心胸宽广就能获得生活上的幸福。认可能培养自信，安全感来自认可后的自信。

第三，给予信任感。认真对待孩子的要求，如当孩子满怀期望地提出："爸爸，最近学习压力大，能不能一起去看一场电影？"你若工作忙一时不能满足他，可告诉他具体时间："等爸爸忙完这一段，周×就带你去，好吗？"经常忽视孩子的需要，会让他因不被重视而失去信心；给孩子自己选择的机会，购买物品、周末出游等征求他的意见，要注意询问技巧，避免简单的"你想买什么""你想去哪里"，而是"你想买A还是B"或"你想去科技馆还是博物馆"，给出合理的选择范围让他自己选择。

第四，做到温暖与共情。接纳孩子不完美，创设温暖共处的空间，不要嘲笑孩子的解题能力弱、学习成绩不好等。要善于接受智商和能力也会遗传的现实，不要有"自己不行，要你行"的苛刻要求，在你力所能及的情况下帮助孩子；学会认真倾听孩子的提问，老实告诉他任何人都有做不到的事情，打消他对别人的畏惧心理，从而增加自信；用商量的口气让孩子做力所能及的事情，比如"今天你来做家务，好吗"，让孩子知道被人需要，明白自己是家里的一分子，用温度与共情内化孩子的责任意识。

情感神经科学认为，亲子陪伴所营造的充满关爱的亲子环境是大脑的培养基，决定着大脑生长发育的潜力，这种环境构成了孩子的自信、温情、包容、善于共情等爱的能力得以长足发展的基本条件。

相机而教，潜移默化

家庭教育中，家长和孩子共处的日常，会遇到很多孩子不解的事，这就需要家长相机而教。很多时候，家长在处事过程中，孩子会耳濡目染、潜移默化地受到深刻的影响。

首先，注意捕捉寓教于日常生活之中"遇物则诲，相机而教"（唐太宗育儿法）的教育时机。在平时生活中，抓住随时随地看到的、遇到的事和物进行教育。草地上，年幼的女儿把手上的餐巾纸丢在一个垃圾较多的地方,爸爸俯身捡起,并提醒女儿:"这儿有垃圾,说明有人不文明,我们是文明的孩子,不要跟他们一样哦!"然后跟孩子一起把餐巾纸送到很远的垃圾桶中。红灯还没结束,很多人看到已经没有汽车经过,就纷纷开始过马路,爷爷牵着孙女也想走。爸爸拉住了爷爷,孙女马上说:"爷爷,红灯停,绿灯行哦!"爷爷开心地表扬了孙女。爸爸冲着女儿点了点头。新冠疫情期间,医生妈妈在前方支援,备战高考的孩子非常担忧妈妈的安危,视频通话中表示,外婆不是很理解,为什么就不能用自己孩子高考需要陪伴的理由留下来呢?妈妈表示总要有人挺身而出,这样将来在我们遇到困难时,也会有人为你挺身而出。儿子说为妈妈感到骄傲。

其次,注重潜移默化的影响力。"随风潜入夜,润物细无声"强调的是家庭教育像春雨一样润物无声。比如,想让孩子爱上学习,家长需要引领孩子阅读和学习,让孩子感受到"爸妈很爱学习";让孩子不玩手机,家长在家里要把自己的手机放一边(见表6-1)。

表6-1 家庭示范引领成效对比表

案例现象	效果呈现	引领效果分析
案例一:爸爸每天回家看手机,不太顾及孩子的感受,会检查作业,但比较敷衍。	孩子心不在焉,会在爸爸看手机时,偷偷起身拿吃的、去喝水、上厕所等,作业错误率高。	孩提时代,成人的行为会给孩子留下深刻的烙印,成人的所作所为,会被孩子认为该"行为"即行事方式,潜意识中形成该"行为"倾向。可见,成人以德修身,才能引导孩子做出正确行为。
案例二:爸爸每天回家收起手机,把本来手机上完成的工作移到电脑上,在孩子面前办公,会跟孩子分享工作,会检查作业。	孩子专注,不会在爸爸办公时,做跟作业无关的事。作业错误率开始降低,作业效果较好。	

久熏幽兰人自香,家庭氛围潜移默化的力量是巨大的,父母需要言传与身教相结合,以自身行为去影响孩子,教育时能捕捉时机,寓教于日常生活之中,引导孩子去领悟、理解,把外在教育转化为孩子的内在自我教育。

恩威并济，携手共育

携手，需父和母步调一致，为孩子提供适应其发展的支持与帮助，在个性培育和习惯养成方面需要实现不同角色的担当，有阻止的力量，也有释怀的疏导，促使孩子在教育中明理，在互动中实现自我成长。

家庭教育，一头系着恩，一头绑着威。在孩子个性培养中，家长要用威去淬炼完善，用恩去温暖。小 A 三岁前在外婆家长大，回到家后个性张扬，肆无忌惮。一次，因不想吃饭，小 A 把饭倒在桌上并发出嘻嘻的笑声。妈妈生气地让小 A 把桌上的饭盛到碗里。小 A 不听，摔了碗。爸爸见了，很严肃地让小 A 拿起来，见小 A 不听，把小 A 拉到卧室，打了他的手心。小 A 瞬间哇哇大哭，但爸爸没有心软："做错了还哭。"继续拍他手心。小 A 被爸爸突如其来的态度吓坏了，继续哭。爸爸没有心软："自己想好，什么时候自己来把桌上的饭重新打回碗里，再出来。"小 A 哭了 5 分钟左右，只见他拿了一个自己的小包，从房间出来，说了一句："我要回外公外婆家了。"被吓了一跳的妈妈正准备说点儿什么时，被爸爸用眼神制止了。爸爸说："那你走吧！""我走了哦！"小 A 打开房门，见爸爸妈妈没有反应，继续说："我走了哦。"他走出房门，走下楼梯，转头朝门内看了看，见爸爸妈妈没有出现，呆呆地站在楼梯上有点儿发蒙，在小 A 的想象中应该不是这样的。思考很久之后，见房门还开着，他缓缓地回来，自言自语地说："算了，算了，我就吃了吧！"自己把桌上的饭打回碗里，让妈妈用微波炉加热后，吃完了那碗饭。从此之后，小 A 乖乖吃饭，再也没有说过离家出走。

的确，父母双方的教育各有意义，双方在教育理念和方向上要保持一致，扮演的角色要有所不同，就如小学课文中的《"精彩极了"和"糟糕透了"》的母与父，让孩子总是要在激励和鞭策中保持着积极向上的情绪和冷静严谨的态度，成为一个完整的人。犹如作者描述的那样："像两股风不断地向我吹来。我谨慎地把握住我生活的小船，使它不被哪一股风刮倒。……这两个极端的断言有一个共同的出发点——那就是爱。在爱的鼓舞下，我努力地向前驶去。"父母教育态度对孩子个性的影响，见图6-1。

```
孩子遇事没有主张，在外胆怯，          孩子个性稳定，善于理解
在家肆无忌惮，                        他人情感，体贴、
不尊重父母。        父母双方  父母双方   孝顺父母。
                    均宠溺   恩威并济
                    父母双方  父母双方
                    均威权   均放任不管
孩子个性上唯唯                         孩子个性乖张，
诺诺、不自信，叛逆情                    不礼貌，藐视父母，
绪浓，时常会自责并伤害自己。            痞气重，行为不可控。
```

图6-1　父母双方态度及孩子个性行为塑造的影响象限图

正确行为方式的形成与发展，需要有意识进行方向性引导。一件事重复多次，会让人在潜意识中形成"应该怎样"的概念。在孩子行为方式形成的初期，家庭教育需要父母携手共育，关心爱护与严格要求并重，规范言行与心育跟进和谐统一。

平等交流，科学引导

家庭教育中，父母与孩子的交流，亦是父母与孩子的共同成长时刻。对孩子细碎化的纠错与引领，父母要循序渐进，尊重孩子的个体差异，给孩子营造一个平等交流的环境，根据孩子不同年龄和个性特点进行科学引导，促进孩子健康成长。

一是在细碎日常中能和谐交流。平等的日常交流，是和谐家庭的保障。父母与孩子发生矛盾时要能搁置争议，冷静一会儿。比如，寻找一些共同话题，和孩子一起看他喜欢的影片，和他讨论喜欢的人物和台词来化解一些矛盾，让孩子感受父母和自己亲近的一面，或对他的一些不同观点表示感兴趣，鼓励他说出这些观点的由来及对这些观点的看法。平等的相处和交流是培养孩子自信的阶梯，可以寻找教育中的快乐，助力孩子快乐成长并成为一个丰富积极的人。

二是做好陪伴教育中的成长规划。孩子成长需要父母做一些规划，如以自己的专业能力引导和培育孩子特长学习并发现孩子的潜能。在这个过程中，共同陪伴，相互鼓励，经常让孩子表演或展示自己的特长，给予适当的表扬，舍得陪伴和投入；多让孩子历练，让其从小见多识广，帮助孩子发挥个性中积极的方面；支持孩子的梦想，帮助孩子学会制订自己的成长计划，并提醒他执行。家如何，孩子即如何。孩子大多继承了父母的素养，家庭教育需要大力挖掘和培育孩子潜能，父母要从小做好基础工作，奠基孩子的未来。

三是提供适切孩子个性成长的培育。孩子在各个年龄阶段，所处的学习环境及个体自身见识不同，教育方法不尽相同，父母切不可在教育方式上一劳永逸，需要学习并深度了解孩子各年龄段成长心理，加以个性化教育，让孩子健康成长。如，小的时候，让孩子独立自主，学会在生活中脱离依赖；当孩子遭遇挫折时，用缓和的语气同他一起分析这次经历，鼓励孩子自己解决；当孩子有进步的时候，要具体表扬；不采用辱骂的方式来惩罚孩子的过错，学会分析如何避免过错，让孩子有经验去面对及避免出现重复错误。再长大一些，当孩子自尊心强时，不要拿孩子和其他孩子比，避免妒忌心理，以求做更好的自己；让孩子偶尔当当家，自己来做决定，以锻炼孩子自我选择的能力。到了青春逆反期的时候，要善于理解孩子内心需求，学会倾听他们的心声，学会以同龄人的语气和表述方法来沟通，这样更容易让孩子接受。

家庭成员的平等交流，要做到"人在，心在，孩子几岁，你就几岁"。帮助孩子摆脱烦恼，正确引领其形成良好品质，在孩子的内心埋下潜意识的善良种子，助力孩子健康成长。

家庭教育是教育的开端，用陪伴温情成长，以修养潜移默化，父母双方携手共育，注重科学引导，承载引领一个未来"人"的教育，这不仅关乎孩子的健康成长和家庭的幸福安宁，更关系到社会稳定、民族进步和国家发展。

教师尽职"温度教育"引导

生命不易,每个瞬间都值得被呵护;成长不易,每个时刻都值得铭记。教育,是温度引导的过程。学生或调皮、或另类、或烦恼、或焦躁,平凡而伟大的教育,总是发生在教师温柔对待学生的感动瞬间,在细小、琐碎、平凡中诠释教育的点滴,成为被颂扬的幸福教育。教师用自己的爱心"如初见—如阳光—如春意—有温度"地去呵护每个学生,温暖学生,让瞬间成为永恒。

如初见般,对待每个学生

教育,应如初见的乍欢,惊喜于每个生命个体的多姿,用真心关注每个成长细碎小节,用真情包容每件成长懵懂小事;满足于拔节成长的渴望,心头始终怀揣他们,心里始终装着他们。

真爱藏不住,电影《洛丽塔》中有一句台词,人有三样东西无法隐藏:咳嗽、贫穷和爱。老师爱不爱学生,学生最知道。杨红娣老师,就是那位心里藏不住爱学生的老师。她关注学生的每个细节,把学生的每件小事都放在心上;她有一本几十页的记事软抄本,上面整整齐齐、密密麻麻地写着很多字,已经差不多记满了。杨老师说,这是她用来记录自己每天工作的点点滴滴,和孩子交流的信息,和家长联系的情况,以及每天待完成和已经完成的一些班级工作事项,每天及时记录,及时查看,就不怕因记性不够好而遗忘了。杨老师到底在记些什么?她记录着每个孩子的个性信息，班上哪几个孩子胃口大，喜欢吃什么，缺什么营养，她记得清清楚楚。那些挑食的小朋友肯定逃不过她的眼睛。她总是用各种奖励方式鼓励孩子不挑食。一年级的孩子难免调皮，下课时闹着打个滚，跑着跳两下，也是司空见惯。她也不呵斥，几乎没有听到训孩子的声音，偶尔有几个调皮的孩子挂了彩，她到医务室来也是轻轻地责怪："下次可不能这样了""一定要小心呀"，就像妈妈的柔声细语，温柔而坚定的管教。暖暖的午后，吃完饭，小朋友们略略放飞一会儿后，便会不约而同地跑回教室，不是教室有魔力，而是有一个有魔力的杨老师，正拿着一本故事集，绘声绘色地给他们讲故事，孩子们听得津津有味。午间，她就这样坚守在教室，搭班老师劝她去休息会儿，总被婉拒"没事，我习惯了，每天给他们讲，他们喜欢听"。能得到孩子的喜欢，是杨老师最大的满足。这些孩子长大了，也许会忘了细细碎碎的光阴，但这午后的温暖故事，那位把每个孩子的事记在纸上、放在心头的杨老师，一定会一直留在每个孩子的心里。

教育，始终需要有初见般的怦然，师者用心用情创设一个个教育魔力，不断引领学生探寻新的世界，让每个生命个体，都在涓涓细流、润物无声、欣喜和惊讶中茁壮成长。

如阳光般，照耀每个学生

教育，应如一束冬日阳光，共享于成长中的每个生命个体，欣然照耀璀璨夺目者，毅然守望光芒待耀者，平视于生长在班级生态场中的任何一个角落，尽心去包容和呵护，全力去关注和温暖每一个。

蒙古族有一句谚语，爱自己的孩子是人，爱别人的孩子是神。爱的阳光照射的地方，就有了光亮。嘉嘉是三年级时转来的插班生。报到那天，一个瘦削的男孩在教室门口茫然地徘徊，班主任发现后立马热情地迎进教室，同学们报以欢迎的掌声。可嘉嘉的脸上却毫无表情，不论班主任怎么鼓励或者催促，他始终一言不发，一天下来仍是一脸木讷，一字未发。班主任跟家长交流后发现，原来嘉嘉有轻微的交流障碍，也就是我们常说的"来自星星的孩子"。时光如流水，带走一些，留下更多。如今的嘉嘉，爱说了，也会笑了。这种转变，离不开班上一位任课老师的关心和帮助——陈婷老师。一个暖日融融的中午，食堂的用餐区域有几个人围在一起，眼前的情景让人吃惊又感动：嘉嘉正在吃饭，一小口一小口的，吃得很慢，旁边有两个同学陪着，对面坐着陈婷老师，她正笑容可掬地看着嘉嘉，嘴里说着："孩子，慢慢来，不着急。""哎呀，我发现这个孩子不太会吃，总是把饭菜倒了，这样下去怎么行呢？营养会跟不上的啊！我在旁边陪着他，鼓励他，你看他吃得多香，马上要光盘了耶！"陈老师喜滋滋地说着，眉目里尽是慈爱，仿佛看孩子吃饭是一种莫大的享受。吃好饭回来的路上，陈老师摸着嘉嘉的肚子说："嘉嘉，今天吃饱了吧？""吃饱了！"嘉嘉表情羞涩而幸福。"那以后都要这样乖乖地吃饭哦，陈老师有时间都会在旁边陪着你吃的。""嗯！"嘉嘉用力地点点头。嘉嘉的爸妈说："孩子在以前的学校，是被排除在集体之外的，所以愈加沉默寡言。如今嘉嘉不仅吃得更多了，身体更好了，表达能力也更强了，成绩也进步了！"

教育，如阳光般平凡、细腻，亦如阳光般热烈、崇高，老师用自己的温情和包容，让孩子看见爱，看见师者光芒。

如春意般，呵护每个心灵

教育，应是新年的一片暖人春意，如春雨润泽心田，如春风呵护心灵，让每个受到困扰的生命个体走出迷途，焕发新的生机。

烦恼每天发生，在校园里，学生们都知道该找谁，那就是周月女老师，一位专业的心灵呵护者。在心理咨询室，这样的烦恼故事每天都在发生，关爱孩子是她的职责。孩子的心理很敏感，也很脆弱，作为老师的我们一定要多一些耐心，要像爱护眼睛一样精心地呵护他们……有一个学生的哥哥因意外遭遇不幸，有一个学生的妈妈得了重病刚去世，周老师总是最先获知信息。当她听说孩子家里发生了不幸，第一时间便介入疏导，帮助孩子渡过难关。她善于解读孩子易怒、焦虑、抑郁情绪背后所表露的需求，并触及他们的内心世界。她说，不要觉得孩子心理出现了点儿问题，就把他们定为另类，人的身体会感冒，人的心理也会感冒……孩子的心灵也像花朵一样，需要阳光雨露。当孩子感受到来自老师的关爱时，他们善的一面就会被激发出来了。学生小G，经常到心理辅导室找她聊天，有时候周老师刚吃好午饭，小G就已经等在那里了，他很喜欢来。天啊！有一次他竟然说："周老师，将来我一定会参加您的葬礼，因为您最懂我，最关心我，比我妈妈都好……"长期的接触和交流，让周老师很欣慰看到这个学生因老师对他的关爱，有了感恩之心，谁还记得这个孩子曾是被医生鉴定为有严重智商问题的学生。她的工作，不只针对学生。有一次，周老师路过某个教室，发现一名班主任在对一个孩子大发脾气，周老师走过去劝导这名老师，然后再去和那个学生聊。当时老师和学生都有情绪，都很委屈，周老师只好两边安抚。近几年，教师的压力也非常大，教师的心理健康也不容忽视，她的心理辅导室也经常会有教师来倾诉。周老师总是耐心倾听，循循善诱。

教育，是唤醒，是呵护。当你感到烦恼和不安时，能遇到一个理解你的人，不断安慰着你，你便感到温暖。愿每个老师都能有智慧、有见地，温和地走进人的心灵。

更有温度，温暖每个学生

教育是日复一日的情感投入，用笑、用关注、用善意去慢慢积淀，用一个个有温度的故事，去诠释爱的真谛，积淀爱的厚度。

王一惠是一个爱笑的老师，她用真诚、美好、春日暖阳般的笑容，温暖每个人。她发现周同学虽然很自卑但音色不错，于是音乐课上，她让周同学演唱。同学们听到后哄堂大笑，认为"他不会唱的"，觉得"他什么都不懂，练习很少合格"。同学的议论让周同学低着头什么话都不说。王老师微笑着说："有的方面不太好，不等于不会唱歌啊！小周的歌声很美，老师很喜欢听他唱歌。来一个，证明给同学们看。"小周这才勇敢地站了起来，他甜美、明亮的歌声征服了所有的同学，唱完后教室里顿时响起了热烈的掌声。笑是一束温暖的光，教师给予学生真诚的笑容和喜爱，会让学生产生良好的情感体验并由此感受到老师的友善。

军训时，朱宏真老师抱着一个一时不适应的女生，一边安慰她，一边拍拍她的肩膀，直到这个女生的心情慢慢平静下来，跟教官申请入列，继续训练。一次下课后，朱老师看到这个女孩的刘海遮住了眼睛，便走到她身边问她："你刘海太长了，朱老师帮你剪一下，好吗？"她点了点头。朱老师便找来了一把剪刀和一把梳子，把她的刘海剪短了……有一天午饭后，朱老师看剩下来的米饭还有很多，二话不说，就戴好一次性手套，取适量的米饭捏成饭团，开始她的"吆喝"："好吃的饭团，谁要尝一尝？"学生们喊着"我要我要"，纷纷排好队，去领取饭团，一边吃一边喊："真好吃！"对学生无微不至的温暖，能感化着那颗蓬勃生长的心灵，就像夜空中最亮的星星一样，璀璨而温暖地照耀着。

"今天的菜味道怎样？够不够吃？"这是被学生亲切称为"吴老板"的总务主任吴言文老师的口头语。一粥一饭，饱含真情，一日三餐关乎学生健康。每周的师生菜谱他要提前过目把关。哪个菜学生不爱吃，哪些菜学生最喜欢，哪天的菜咸了，哪天的菜做少了，他都一尽掌握，并要求食堂及时调整。食堂送菜的供应商换了，他会提前让个别孩子试吃一下新供应商的菜，确保品质、味道孩子都喜欢，再决定订货。"皇帝柑12月中旬口感最佳，大青枣颜色越白越甜。"瞧！哪个时间哪种水果最好吃，他心里都有谱儿。难怪学生张甜在《给外公的一封信》中写道："外公，您放心，学校里的菜都是我最爱吃的。"心里有学生，处处为学生着想，用对待自己孩子的标准来对待学生，学生自能感受到那份真诚。

一名男生，因父母长期不和闹离婚，父亲方认为抚养权势在必得，甚至在未判决之前不让孩子见母亲。孩子每天萎靡不振，满脸写着委屈与心酸。看到此情此景，初为人母的朱妍霏老师心疼极了，在课堂上给予孩子更多的关注，趁课间给孩子补课，不断鼓励孩子；同时，送给孩子一些小礼物，带动所有学生和任课老师关心他，让他感受到老师和同学的爱。慢慢地，孩子脸上出现了笑容。随着家庭问题的尘埃落定，孩子的身心也逐渐恢复以往。每每讲到这件事，被同学们尊称为（小朱）老师的她依旧透露着心疼，心疼孩子曾经的遭遇，心疼他内心承受的煎熬。教育是一场双向奔赴，教师心疼学生，给予学生关怀、温暖，学生回教师以热爱，馈教师以尊敬。

教育过程中，教育者要秉承"温度"的理念，在日复一日的教育岁月中，用"温度"温暖孩子心灵，爱心唤醒爱心，在孩子们的成长道路上写下一行行爱与智慧，堆积爱的厚度。

班级活动"动态引领"跟进

班级活动，以独特的场景和热烈的氛围引领学生以饱满的情绪真正投入，让学生亲身经历，在活动中得以充分展示，呈现自己的本真，激发自我的向上力。在活动中，学生或"看见"最美的自己或他人，形成了团队凝聚力和向心力；或在真实场景中真实体会，引发认知上的冲突，引发思辨，获得深刻感悟。因此，我们以"主题班会—节日节点—综合实践—心理团辅"等班级活动为引领，在真实情境中挖掘学生感悟，发展学生内在品质。

主题班会"前瞻"引领

主题班会，以鲜明的主题导向，向学生传递崇高志向、理想信念、珍惜生命等，从"知"的层面深入挖掘，发挥课程育人的主渠道作用，"导航"学生正确价值观念，内化学生良好品质。

确定引领方向，创设情境，以最感人的氛围引入，帮助学生认识自己，学会坚强面对。学生进入情感多变、情绪易波动、心理异常、逆反叛逆的青春期，极其容易因为一件不起眼的事而放弃自我，甚至放弃自己的生命。教育者需要引领学生去认识生命的美好，懂得珍惜现在的意义，给学生以启迪，让学生看见美好，看见未来，激发热爱生命、向往未来之情。"珍惜现在，收获未来"孕育而出，课的开始以《中国达人秀》冠军无臂达人刘伟用脚弹奏钢琴曲的视频引入，让学生感悟永不气馁、永不放弃的精神，让学生认识到生命是公平的，每个人都有自己的人生旅程，遇到挫折时，只有坚强和执着地面对，不断努力，成就现在，才有美好未来。接着，让学生"放飞生命愿望"，填写"童年、少年、青年、中年和老年"的梦想，设想未来愿望实现，畅想美好未来，唤起学生对生命的渴望。之后，通过"删减生命愿望"游戏，创设让学生不断删去未来生命及愿望的情景，让学生经历"失去"生命与未来，真切感受"切肤之痛"。最后，通过模拟各年龄段的自己，以时代人物之间对话"劝慰以前的自己"的方式，凸现冲突、矛盾，从而引发学生的深刻思考，切身体会生命的不可预见，唤醒学生好好地把握现在，倍加呵护自己的生命。整节课，教育者创设了让学生体验获得后不断失去的过程，初步感知完整的生命旅程的真正意义，通过表达、感悟、签订珍爱生命契约的形式，形成共同呵护、包容生命的愿望和承诺。

教育，需要走在学生发展前面，以前瞻性的教育去引领学生品质的内化。主题班会的"导航式"引领，即在学生成长的各个关键阶段，规划好每个阶段所需发展品质，依据学生年龄特征、道德发展阶段、行为表现等适时介入，设计适切学生发展的主题班会课程，调动全员育人力量共同参与，全方位地发挥课程的育人作用。

节日节点"浸润"引导

节日以其独特的文化传承、丰富的节日文化内涵，凝聚成了独特的教育文化。学生的价值观念形成于无痕之中，文化风气往往能深刻影响学生的品位和行为方式，充分挖掘节日文化能无痕式地滋养学生心灵。

节日文化引领，是无痕式引领的重要方式，像春节的年文化，端午节的民族主义文化，国庆节的爱国及英雄文化等。如，国庆节除了领略祖国大好河山，赞秀美祖国之外，还可以开展"庆祝国庆，探寻好书"活动，从"带好书""读好书"，到"读人物""学精神"，以"精读一段文""学做一个人"，引领学生读有品位的书，做有品位的人。班级开展了"庆国庆,读毛泽东"活动。在"带好书"的环节,学生收集了毛主席的诗词,带来了《毛泽东诗词全集》,以品读的方式来传颂毛泽东一生嗜书不倦,尤其爱读历史书籍,具有深沉的历史情怀。毛泽东读史书,总是以历史人物的传记为中心,对历史进行见解独到的品评。他评价历史人物,不因袭旧说,而是独具慧眼,抓住历史人物最本质、最突出的特征,发人之所未发,言人之所未言。毛泽东诗词思接千载,视通万里。中华历史上下五千多年,从三皇五帝到历代将相,毛泽东每有所感,就有评说。这些评点,虽只区区三言两语,却折射了他的历史观,反映了他的是非观,也表现出"掌上千秋史"的豪情壮志。深入学习毛泽东,领略"一心救中国"的人物精神,激发学生的豪情壮志,为了未来而努力。

最是文化养人心,文化传承最浸润。结合节日节点,引领学生品读、乐读、悦读,挖掘文化精髓,传承文化精华等,让学生耳濡目染,深入洞悉,以文化滋养心灵,提高精神境界,培育文明风尚,树立高尚情操。

综合实践"融入"引导

综合实践活动,为学生提供了一个相对独立的学习生态化空间,使之成为这个空间的主导者,在整个活动中拥有支配权和主导权。学生在亲身体验中深刻感悟生活的艰苦与不易,从而唤醒了自己的感悟,获得了成长。

"天下大事必作于细,天下难事必作于易。"实践活动,让学生在活动中学习、成长。综合实践活动形式多元,如博物馆、纪念馆的参观学习;领略大好河山,领略人文景观的研学;学农、学军的户外实践等。而周末的家务劳动实践,是体验并培养学生感恩父母、热爱劳动的最佳途径之一,亲身体验劳动者的付出,体会劳动创造和谐等。如安排以"懂感恩,爱劳动"为主题的家务实践活动,以"寻找日常劳动+劳动规划+记录过程+书写感悟+形成小报"方式,夯实过程,启发反思,引领学生在劳动中体会到劳动的艰辛,父母的不易,懂得感恩;也让学生在劳动中体验劳动带来的成就感，体会劳动的快乐和意义。小谭同学发表了感言："假期我帮妈妈做家务，从中体会到了妈妈的辛苦。以前的我都是过着饭来张口、衣来伸手的生活；通过这次家务劳动，体会到了爸爸妈妈对家庭的热爱。我要每天做力所能及的事，让爸爸妈妈轻松点儿。我也知道了，只有劳动才能创造美好的生活。我们学习同样也要'一分耕耘，一分收获'，这样才能取得更好的成绩。"实践参与不仅让孩子体验其中，父母的收获更多。小谭妈妈也发表了感言："在假期中做一些力所能及的事情，这不仅补齐了孩子们生活自理性劳动和家务劳动的短板，还培养了孩子们感悟幸福的能力。让孩子们从小事做起，从现在做起，从身边做起，用勤劳的双手创造更加美好的明天！"

综合实践活动，真正让学生在"动"起来的同时，达到"动手与动脑"的结合与统一，学生在活动过程中"真实体验""解决问题""感受艰辛"，结束时"有所知""有所得""有所悟"，真正实现综合活动中育人的价值。

心理团辅"精确"引导

心理活动课程的意义在于立足学生真实心境，注重贴近学生内心的精、小、准，精确地为个体设计方案，通过创设真实情境，以学生的视角来触动学生感悟，让其在参与中领略集体思想导向，收获自己的理解，形成自我感悟。

个别化引领，能以个别心理的疏导来解决共性问题，达到"一课解千愁"的效果。M同学跟同桌N似乎是"死敌"，经常会为一些鸡毛蒜皮的事情闹矛盾。大大咧咧的M没有什么，该吵就吵，不吵了就不理睬；N却陷入了困境，闷闷不乐，时常精神恍惚。在一次心理咨询中，N向心理老师表露了自己的困惑。心理老师和班主任沟通后，开展了团辅"我该怎么办"，设置了一位同学被同伴误会之后，陷入内心彷徨纠结的场景，引发了集体讨论。同伴纷纷发表自己的建议，最终形成了集体建议：一是直接忽略。这并没有什么，自己经常也会遇到，不要理睬就好了。二是悦纳自我。每个人都有自己的个性，要做真我，流露自己的本真，让大家知道我就是我。三是学会幽默。生活需要幽默感，每个人都有交往和吐槽的需要，可幽默对待同伴之间的琐事。四是寻求帮助。这样能换来心理冲突的平衡。有时可用哭诉的方式向家人或朋友释放情感，这样不仅能迅速得到同情及安慰，还可以让亲友帮忙分析或整理思路，让自己可以更加客观理性地面对心理冲突。当然，若寻求亲友无效果，且在持久的内心矛盾冲击下，出现个体的情绪障碍或不当行为时，就必须学会及时寻求心理老师或心理医生的帮助。后来，N也发现自己没必要纠结，该吵吵，该说说，不失为一种处理问题的方法。

最近，H有一件让他越来越困扰的事：面对好朋友U的借钱不还，他感到非常纠结。U总是以卡里没钱为理由向H借钱。其实H家境也一般，家长给H一周的生活费有限，因顾及好友情感和害怕失去朋友信任，一直不敢说"不"，只能省吃俭用，甚至不吃饭为U刷卡，矛盾和纠结困扰着H。在一次针对高中生内心不愿表露自我的心理辅导课"我可以怎么做"之后，H终于鼓起勇气，跟好朋友U敞开心扉，表示既然是朋友，就应该分享内心的想法："既然是朋友就需要彼此温暖，现在我也有困难，需要你的帮助，若是真把我当朋友，就共同进退。"这番真情流露换来了U的理解。教育者要引导学生积极主动解决问题，不能因为害怕犯错误或者争吵而退避，遇到被"侵犯"要主动亮明自己的态度，才能得到更多的尊重。

心理活动课的优势在于，立足个体的心理辅导，营造集体氛围跟进，以对个体现象分析来引发集体的讨论、辨析、归纳，形成切实可行的解决策略，触动学生心弦，更深刻地引领学生正确地去思考，形成正确的解决策略，达到内心的平衡。

班会活动"动态引导"，引领学生"身临其境"地深刻体验，以课程内化品质，以文化滋养心灵，以情境唤醒感悟，以氛围影响价值，以示范指导行为。当学生浸润于浓浓的精神氛围时，拨动学生向上的心弦，辅以正向引领，即能形成一股"同行则悦，逆行则斥"的能量场，学生会在不知不觉中以一种精神朝向去实践核心品质。

学校立足"立德树人"推进

学校立德树人，推进学生正确价值观念、道德观念、行为品质等的发展，需要坚持以生为本、一切从学生成长和自我感悟出发的教育原则，依照道德教育"学什么，知什么，做什么"的内化规律，细化育人目标，结合行动方向构建课程内容，设定评比细则，形成道德示范、日常习惯训练与表彰评估相统一的机制，实现"知—行—评"三位一体，实现立德树人落实常态化。

知："1+3"课程，落实立德树人目标

发挥课程育人主渠道作用，是落实立德树人目标的重要动力。在《道德与法治》课程基础上，学校可以适当补充开设德育综合课，在初始阶段、衔接阶段和一般学习阶段，适时根据学生行为习惯、心理状况、成长动态，设计"入学课程""开学课程""成长课程"，形成"1+3"的德育课程系列。

《道德与法治》课程可以梳理有关立德树人的内容，围绕"健康、安全地生活""愉快、积极地生活""负责任、有爱心地生活""动手动脑、有创意地生活""有法治观念、勇担责任地生活"五个方面校本化实施这门课（见表6-2）。

表 6-2 义务教育阶段《道德与法治》"立德树人"内容及培养目标

年级		一年级	二年级	三年级	四年级	五年级	六年级	七年级	八年级	九年级
内容	上册	我是小学生啦	我们的节假日	快乐学习	与班级共成长	面对成长中新问题	我们的守护者	成长的节拍	走进社会生活	富强与创新
		校园生活真快乐	我们的班级	我们的学校	为父母分担	我们是班级的主人	我们是公民	友谊的天空	遵守社会规则	民主与法治
		家中的安全与健康	我们在公共场所	安全护我成长	信息万花筒	我们的国土 我们的家园	我们的国家机构	师长情谊	勇担社会责任	文明与家园
		天气虽冷有温暖	我们生活的地方	家是最温暖的地方	让生活多一些绿色	骄人祖先灿烂文化	法律保护健康成长	生命的思考	维护国家利益	和谐与梦想
	下册	我的好习惯	让我试试看	同学相伴	同伴与交往	我们一家人	完善自我健康成长	青春时光	坚持宪法至上	我们共同的世界
		我和大自然	我们好好玩	我从小生活的地方	做聪明的消费者	公共生活靠大家	爱护地球共同责任	做情绪情感的主人	理解权利义务	世界舞台上的中国
		我爱我家	绿色小卫士	我们的公共生活	美好生活哪里来	百年追梦复兴中华	多样文明多彩生活	在集体中成长	人民当家作主	走向未来的少年
		我们在一起	我会努力的	多样交通和通信	感受文化关心发展		让世界更美好	走进法治天地	崇尚法治精神	
关键词		习惯热爱	文化体验	学习生活	自我参与	主人家国	权益担当	成长生命	法治责任	国家世界
培养目标		规则意识爱的情感	文化环境独立参与	学会学习学会生活	认清自己学会参与	主人意识家国情怀	法律意识责任承担	善待情感珍爱生命	勇担责任法治意识	认同国家世界观念

"入学课程"重点培养学生初始阶段的行为习惯,强调趣味性和创意,全面落实安全、纪律、文明、礼仪等良好习惯与意识,奠定"第一次"规则(见表6-3)。

表6-3 入学课程

时间	第一天	第二天	第三天	第四天	第五天
主题	校园初体验	校园学习会	校园大探索	校园的一天	校园,我爱你
动机	趣味	规则	好奇	创意	表彰
内容	隆重入学仪式,消除新生陌生感,认识老师、同学	学习课堂常规、课间休息规则,自己的事情自己做	牵手同伴,参与校园活动,寻找、认识重要场所的位置	制作课表,做好课前准备,勾画校园,描绘小梦想	说说校园,点赞同学,展示自己的才艺和收获
目标	熟悉校园,喜欢老师、同学,喜欢学校	熟悉课堂、校园规则,参与班级事务	深入认识校园、同伴,学会交往	初步学会学习、准备,激发梦想	表彰表现,参与活动,展示收获,爱上校园

"开学第一课"课程,是每个新学年的衔接课程。学生通过此课程可以调整自我状态,在新学年"重新开始"之际,培养良好的意识、观念和态度,学会管理和保护自己,提振精神,形成正确观念(见表6-4)。

表6-4 1-6年级开学第一课课程

年级	一年级	二年级	三年级	四年级	五年级	六年级
主题	爱校 自理	礼仪 劳动	服务 接纳	自律 计划	勤奋 安全	爱国 梦想
关键词	适应	意识	观念	态度	刻苦	未来
内容	爱班爱校,学会排队,自理	见面有礼,垃圾分类,卫生整洁	服务他人,接纳他人,悦纳自我	认清自己,学会计划,有目标	告别慵懒,管理自己,保护自己	认识祖国,认识未来,学会创意
目标	学习规则,适应校园生活,提高自理能力	养成礼仪、环保、劳动习惯,遵守规则	学会友善对待他人、服务集体,接纳自我	能够树立目标,学会奋进,有计划地做事	懂得管理和克制自己的情绪,培养勤奋品质	激发爱国之情,懂得努力,规划自己的未来

"成长课程"进行友善、耐挫、生命等发展性教育,让学生对未来全新的自我做到"心中有数",从成长的角度提高学生素质、修养和能力,拥有自我调控、安全自护、健康生活的能力,以及热烈情感、友善态度,成为最具美德的人(见表6-5)。

表6-5 成长课程

方向	人格品质	行为习惯	安全卫生	节俭环保	情感能力	健康成长
主题	感恩 宽容 友善 合作 责任	倾听 安静 礼仪 学习 效率	卫生 校安 防火 防溺 防暴	理财 不攀比 爱物 爱粮 环保	耐挫 沟通 微笑 赞美 交友	悦纳 饮食 坚持 梦想 生命
目标	拥有良好品质,成长为最具美德的人	养成文明、尚礼等良好习惯	让学生懂得安全自护,健康生活	低碳生活,让节能环保成为生活方式	良好的情感能力,坚强面对未来	成为一个健全、健康、有理想的人

学校立德树人课程,要抓住学生身心成长关键时段落细、落小、落实,力求从知识学习到价值认可,形成阶段化、层级化、课程化、趣味化的动力机制,全方位落实立德树人目标。

行:分级实施,促进品质阶段提升

课程有效实施与行动落实,是促进学生品格提升的主要动力。结合学生认知规律,依据道德形成的"由己及他""由内而外",从习惯到品质、从情绪到情怀的规律,把教育内容按阶段,施以不同的内容和行动跟进,形成利用有效评价与激励的方式去落实行为,来促进学生道德品质的阶段提升。

首先,需要触发学生深度学习的"场景推进"活动样式。打造契合"知情意行"并触发深度学习的"六个场景":引入戏,如利用"无臂达人刘伟用双脚演奏钢琴曲视频"引入"努力现在，收获未来"，要以震撼的场景首先打动学生。情境场，如探寻"垃圾去哪儿"，发现"垃圾围城，无处可去"引发对"垃圾分类"的思考，情境可唤醒学生的体验与深思。模拟剧，如"告别坏情绪"课上，模拟双方坏情绪、不礼让，导致冲突升级，模拟剧的真实感可触及心灵，唤起改变愿望。两难题，如在"学会诚信"的课上，以同桌上课玩手机请你帮忙隐瞒来提升学生的辨别能力。感悟单，引导学生顿悟之后，形成师生间的盟约，成为学生的行动方向。行动表，有效利用行动记录表，结合奖励和监督机制，付诸实践，收获学生成长。

其次，顺应学生成长规律的"每月成事"行动落实，即每月成就一个良好品质，这是一个积累过程，要靠每天、每周、每月的积累。点滴积累：坚持每一天。每天是成就一个好品质的基本时间单位，以入学课程的"课堂习惯"为例，从课前准备、独立思考、倾听合作、基础作业四方面细化，形成"一日课堂收获积累表"记载评价，让学生在行动中积累表现。日常实践：行动每一周。把每日记录汇成"行动每一周"积累表，记录、小结，阶段性回顾，让学生"看见"自己的收获，反思得失，为下个阶段储备动力。渐成习惯：每月成一事。一月一表彰，每月一成长，积累表是一份纪念，收藏和记录自己的成长足迹。如，成长档案留足迹：每个同学将参与活动的过程性资料进行整理，汇编到自己的成长记录册中；片言只语勉我行：主动邀请同伴、家长、老师为自己的活动参与留下点评、寄语，勉励自己，激励自己不断成长；特别奖励来助兴：学校特设"优币"，行动之后评价奖励，纳入到"成长手册"中。

一张行动表，一份自己成长的足迹，形成"全面参与，情境感悟，行动落实，特别奖励"的动力机制，综合提升学生行为能力和道德品质。

评：多方评价，激励德行素养发展

有效评价与激励，是学生德行素养发展的关键动力。"悟行如一"，从悟到行，需要建立一个监督机制，营造出良好的监督氛围，让学生有足够的动力去消除不适行为，辅以监督措施、奖励机制，促进学生行为的真正改变。

首先，以评"链"知行——构建"知行一致"评价机制。评价标准是行动方向。把学习内容、行为表现、激励行动三位合一，把学习内容原生价值与学生学习需求点和生长点链接，形成"知·行·评"一体化的闭环。以"学习内容"为评价标准。如"入学课程"中"正确坐姿"一课，学习内容为"松树式"写字、"望远镜式"握笔、"奥特曼式"举手，这里的每个动作都有一套便于记忆和行动的标准，最终形成"正确姿势小明星"评价及行动表，汇"细节标准"成评价体系。"正确姿势小明星"评价的是"好学优"的"课堂表现"中的"坐姿小细节"，最终汇集到完整的"五优学生"评价体系中（见表6-6）。

表6-6 "五优学生"评价体系

评价内容		品行优	好学优	健康优	艺术优	劳动实践优
关键指标		行为品质 心理素养	学习态度 习惯能力	体质健康 兴趣能力	兴趣素养 特长表现	习惯情感 实践能力
评价要点	1	热爱集体	学习准备	体育课堂	艺术参与	生活自理
	2	团结合作	课堂表现	日常锻炼	学习表现	家务劳动
	3	遵规守纪	作业习惯	运动能力	才艺展示	校内劳动
	4	积极心态	学习效果	体质情况	特长情况	动手实践
	5	言行文明	乐于学习	视力健康	艺术鉴赏	创新能力
评价依据		根据学生日常的课堂表现、参与活动、学习情况等，结合学生自评、同伴互评、家长和老师点评等，以及查阅记录、荣誉积累等综合评价。				

以"五优学生"为"评价载体"。"五优学生"评价遵循"知什么，做什么，评什么"的规律，把学生德行素养及德育综合课习得内容细化为评价标准，以评价来勾连"知"与"行"，落实到日常行为中，激发学习志趣，促使学生知而善行。

其次，要多方"促"成长——搭建"多方评价"激励机制。学习内容内化为行为，需要以有效评价来促进学生时刻进行良好行为的保持、改进和修正。行与评两个途径实施中，需学生、同伴、老师、家长等多方卷入评价，实现"同桌＋小组＋班级＋家庭"多维空间、场合评价跟进的动力机制：（1）以"自我认可"为评价依据。评价也是自我检查及自我认可过程，每张评价表均有"自我评价"栏，激发学生自我审视，自我激励。评价标准会依学生个性化调适，为学生量身定制个性标准。（2）以"同伴监督"为评价主体。评价主体是关系密切的全天候伙伴，激励学生主动为同伴评价，树立监督、引领、携手的同伴同成长责任意识。每张评价表都有"同伴评价"，同伴相互评价，要注意和避免有矛盾时的诋毁或友好包庇。（3）以"老师点评"为评价导向，汇集学科教师的评价，把学生在各个领域的行为、表现、学习情况汇集，纳入"一周积累"表的"班级评"及"每月成事"的"老师点评"中，让"老师点评"发挥更多的评价导向作用，为班级正向氛围把好"航舵"。（4）以"家长留言"为评价延伸。家长是监督和支持力量，是学生良好言行延续的保障力量，"承校启家"勾连家校，为督促孩子做得更好而努力，让学生良好表现延续到家庭。

评价是"知晓"到"行动"的动力，是学生"行动"情况的"鉴定"，是"有则改之，无则加勉"的认定。评价，能让学生了解自己与规范的差距，便于自我诊断，明确自己的目标，调整自己的行为，以促进自我行为的进步。

学校立德树人，结合"知·行·评一体化"构建课程学习、行动内化、评价跟进的落实机制，很好地把学生导向更正面的方向，为学生的行为导航，激励学生向着良好的品质和积极的行为朝向改进，真正实现立德树人。

后 记

探寻，向着预防教育深意处漫溯

探寻，在教育海滩上。犹如天真的孩童，懵懂地闯进一个未知领域，欣喜地留下一串脚印，一路欢歌。

探寻，源自学生问题研究的延伸

"艺术应对—艺术引导—艺术预防"，教育预防是"艺术化教育"的第三个阶段。预防，是把问题消弭于萌芽状态，做到防患于未然，是教育的最高境界。如何预防呢？我在2020年全国"十三五"规划教育部重点课题"价值观引领下的学生行为问题艺术化教育策略研究"结题报告中，用了较大篇幅进行梳理，为这部《学生问题预防与教育》奠定了基础，并在此基础上进行了延伸思考。但能成稿、成形、成体系，却有很多的机缘巧合，也得到了很多贵人的相助。

探寻，源自任务驱动的鼓励

2021年，湖北教育《新班主任》杂志刘玉琴主编约我为杂志开辟个人专栏，因工作过于忙碌，自己有过拒绝的想法，但内心的那份充盈使得脱口而出的回答是一句"好的"。2021年是痛苦的，也是快乐的，一篇好的文字来自富有成效的实践。这一年自己担任了教学方面的校长，在履行职责的同时，需要不断地挤出时间来参与学生问题预防教育实践，白天忙碌着，晚上回来几乎都得先睡1小时，才有精力书写心得。再加上晚上得花1小时接孩子，所剩无几的时间中，一天写不了多少文字，怎么强打精神都没有什么效果，以致成了《新班主任》杂志编辑们痛苦催促的对象。杂志社对内容和文字要求很高，中间我还被退稿了几次。但痛并快乐着的2021年，专栏系列文章任务的驱动，编辑和读者的鼓励，为写作本书奠定了基础。

探寻，源自课题研究的推动

2021年，注定是这本著作圆满的元年。2020年"学生问题'三级预防'"课题在西湖区和杭州市两级层面立项，2021年是结题年，一年的实践探索获得了大量的实践成果。6月，西湖区结题评选出来，"三等奖"！令人大跌眼镜，怎么回事？自己不解。由于还是杭州市课题，需要在8月底提交结题报告，西湖区科研主任、特级教师王斌老师，查看了课题报告之后，说了一句："金子，埋在沙子里了。"2021年暑假，我用了20多天的时间，全然投入到课题报告的重新梳理中，以求更符合第三者视角。11月，王主任特地发短信祝贺——"喜获杭州市一等奖"。欣喜之余我也纳闷，获"杭州市一等奖"一般需要通过答辩，自己怎么没有参加答辩呢？后来得知，是所有评委都给了一等奖，取得了"免于答辩的一等奖"。2022年1月，"学生问题'三级预防'"喜获浙江省课题立项。

探寻，源自清心寡欲的坚持

2022年的春节是不平凡的，杭州受到了新冠疫情的冲击，原想回温州老家过年，为了不给家乡人民带去困扰，我们暂缓了回老家过年的步伐。一下子，自己闲了下来，完成书稿成了这个寒假的目标。《新班主任》连载了12篇文章，这部书稿若从六大部分构建，需要30篇文章，也就是说还差18篇，需要把平时积累的大量案例进行精简、整合，形成可读性强、理论性、实践性皆具的文章，短短的寒假时间能完成吗？平时工作时段晚上只能"码"几百字，现在每天都得完成5000字左右。刚开始是改变书写习惯及思维方式的阶段，非常痛苦，三四天完成一篇，难呀！慢慢地，两天能完成一篇了，后来一天一篇，最后阶段是一天两篇。90000字，十多天时间，写得天昏地暗，写得惊心动魄。这个虎年的春节注定不平凡，自己犹如一只猛虎清心寡欲地奔跑着，串起了一片文山字海，完结整部书稿。

探寻，源自温暖心境的支持

岁月静好，是有人在默默为你全力以赴。全身心投入，源自暖心的家人的支持。第一部著作中描述的那个"捣蛋鬼"女儿在学习之余，也主动参与家务了，为我留出了更多思考和书写的时间。她对学习的投入，也让我有了更专注的理由。妻子郭老师的陪伴和督促，让这部历时近五年的教育实践，在文字积累上有了很好的基础。"今天，你写了吗？"是她的口头禅，温和而坚定，是我抛却慵懒和杂念，继续坚持的动力，感恩她们暖心的支持。

信任坚守，源自一直以来的愉快合作。"大夏书系"卢风保编辑，一直以鼓励的方式催促我的下一本著作。我们第一次愉快合作的是《从班会课到成长课程》，五年18次印刷，非常成功。

温暖，来自团队的力量。书稿的30篇文章，校稿成了无比沉闷、无聊的事，我失去了写稿时的新鲜感。熟悉的文章意境和文字表达，冲淡了清晰视域；时而迷迷糊糊，时而昏昏欲睡，造就了校稿速度和效率的低下。暖心的是，工作室团队成员欣然接受了校稿任务，葛丽萍、徐府、黄红、于李丽、徐晓媛、李悠悠、凌珊、周峰、王若雪、孙志君，每人2~3篇，她们以最严谨认真的态度，心无旁骛，几乎都在一两天之内完成校稿并提出更好的修改建议，感谢她们。

欣喜，源自远方的支持。序言是耿申老师写的，这位令人尊敬的教育大家，几乎毫不犹豫地答应为我写序，他曾提出教育重在"治未病"，对教育预防有特别深的理解和研究。在通读完《学生问题预防与教育》书稿后，他写来了立意深刻、富含哲理、饱含炙热的序言。来自北京的温暖，让这个即将入秋的杭州更加色彩斑斓。

探寻，源自那份热烈的认可

学生问题为什么发生？怎么预防？就这样的话题，我和很多一线老师分享过，得到了非常热烈的回应。2022年暑假，受《中国教育报》邀请，我以线上交流的方式为山东临沂的教师分享了"学生问题预防与教育艺术化"，得到包括翼晓萍主编在内的广大听众的认可。王维审老师表示："昨天下午聆听了您的精彩报告，会场几百人隔着大屏幕自发为您鼓掌。"这份认可，还来自陶继新先生、田冰冰校长，以及《人民教育》邀约就学生问题谈如何进行预防。

探寻，在"学生问题预防与教育"的实践之滩涂，留下了一串深刻的实践脚印。书稿已经完结，探寻之路无限延伸，期待能有更多的探寻者能一起撑起那根探索"长篙"，向预防教育更深处漫溯。

教育探索，如此浩瀚无垠，但愿能拾得一贝一壳，为学生的幸福成长增添一抹亮色，一片欢乐。

林志超
2022年9月杭州

图书在版编目（CIP）数据

学生问题预防与教育/林志超著．
—上海：华东师范大学出版社，2022
ISBN 978-7-5760-3540-7

Ⅰ.①学… Ⅱ.①林… Ⅲ.①班主任工作—研究 Ⅳ.① G451.6

中国版本图书馆 CIP 数据核字（2022）第 251711 号

大夏书系 | 教育艺术

学生问题预防与教育

著　　者	林志超
策划编辑	卢风保
责任编辑	万丽丽
责任校对	杨　坤
封面设计	奇文云海·设计顾问
出版发行	华东师范大学出版社
社　　址	上海市中山北路 3663 号　邮编 200062
网　　址	www.ecnupress.com.cn
电　　话	021-60821666　行政传真 021-62572105
客服电话	021-62865537
邮购电话	021-62869887
地　　址	上海市中山北路 3663 号华东师范大学校内先锋路口
网　　店	http://hdsdcbs.tmall.com/
印 刷 者	北京密兴印刷有限公司
开　　本	700×1000　16 开
印　　张	14
字　　数	207 千字
版　　次	2023 年 3 月第一版
印　　次	2025 年 1 月第六次
印　　数	13 101-14 100
书　　号	ISBN 978-7-5760-3540-7
定　　价	59.80 元
出 版 人	王　焰

（如发现本版图书有印订质量问题，请寄回本社市场部调换或电话 021-62865537 联系）